AF591014

Une stigmatisée :

THÉRÈSE NEUMANN

Une Stigmatisée :

Thérèse Neumann

par

François SPIRAGO

Professeur
au Séminaire de Prague

F.-X. LE ROUX & Cie, S. A., STRASBOURG
ÉDITEURS ◆ IMPRIMEURS DE L'ÉVÊCHÉ
1930

Thérèse NEUMANN et ses parents.

de L. Witt, Konnersreuth.

FRANÇOIS SPIRAGO
Professeur
au Séminaire de Prague

Une Stigmatisée :
Thérèse Neumann

Traduit et adapté par J.-Ph. RIEHL

CE QU'ON VOIT A KONNERSREUTH

RÉPONSES AUX OBJECTIONS

F.-X. LE ROUX & Cie, S. A., STRASBOURG
ÉDITEURS — IMPRIMEURS DE L'ÉVÊCHÉ
1930

IMPRIMATUR.

Argentinæ, die 24ª Januarii 1929.

F. VUILLARD

Vic. gen.

No 6/29

PRÉFACE

KONNERSREUTH.

Quel temps fut jamais si fertile en miracles ou en prodiges que le nôtre? A côté de Sainte Thérèse de l'Enfant-Jésus, qui continue à semer les roses du ciel sur ceux qui marchent encore parmi les épines de la terre et qui dans la poussière humaine, peinent, souffrent et pleurent, brille, irradiée de douce splendeur, la stigmatisée de Konnersreuth! Konnersreuth? Qu'est-ce? Une humble bourgade du Haut-Palatinat, dans la Bavière, sur les confins de la Bohême, sur laquelle s'est ouvert le ciel pour déverser abondamment les grâces et les prodiges, en ce siècle tout imbu de matérialisme. Le Dieu de nos ancêtres vit et agit toujours.

La preuve, je la trouve dans les événements extraordinaires qui, depuis 19 ans, se passent dans ce coin de terre bavaroise, inconnu jusqu'ici, célèbre à cette heure d'une célébrité mondiale. Non, en vérité, la foi n'est pas morte encore, et Dieu choisit son heure pour manifester sa puissance, sa gloire et son amour.

Il y a là l'humble famille d'un tailleur, d'une piété solide, sans nulle exagération, une de ces familles nombreuses, où la naissance de chaque enfant est saluée comme une insigne faveur du ciel. Dix fois la grâce du baptême est descendue dans le berceau de la famille Neumann, dont l'aînée, Thérèse, *s'efforce de marcher sur les traces de la douce carmélite de Lisieux, la sainte aux miracles, aux roses. C'est d'elle dont nous allons parler dans cette adaptation du petit livre, dû à la plume autorisée du Professeur Spirago. Nous pouvons dire en toute vérité avec le Joad de Racine :*

Et quel temps fut jamais si fertile en miracles ?
Quand Dieu par plus d'effets montra-t-il son [pouvoir ?
Auras-tu donc toujours des yeux pour ne pas [voir,

Peuple ingrat ? Quoi ? toujours les plus grandes [merveilles
Sans ébranler ton cœur frapperont tes oreilles ?

L'Eglise catholique, toujours persécutée, calomniée, est pourtant toujours encore jeune de gloire et d'immortalité.

Lisez, chers lecteurs, et jugez vous-mêmes. Pourtant, soyez prudents en vos conclusions. Ecoutez ce que dit son Eminence le Cardinal Faulhaber :

1.

« L'Eglise ne se prononce sur les miracles qu'après de longues années d'attente et d'examen. Nous ne devons donc pas devancer son jugement. La foi de l'Eglise solidement appuyée peut se passer de Konnersreuth. Ne nous inquiétons pas et faisons nôtre le conseil de Gamaliel : « Si cette œuvre vient des hommes, elle se détruira. Mais si elle vient de Dieu, vous ne sauriez la détruire. » (Actes des Apôtres, V, 38—39.)

2.

« Les miracles de Jésus-Christ prouvent la solidité de notre foi. Il a donné à son Eglise le

don, le « charisme » des miracles. Un vrai chrétien croit donc sans réserve aux faits miraculeux de l'Evangile, et ne rejette pas non plus ceux qui, depuis la diffusion de la foi chrétienne, se sont produits et peuvent encore se produire. »

Strasbourg, 1929. J.-Ph. RIEHL.

Acteurs et témoins.

1° **Thérèse Neumann,** la «*Resl*», comme on l'appelle familièrement, est la fille d'un modeste tailleur de Konnersreuth. Elle est âgée de trente ans et de taille moyenne. Ce qui frappe en elle, de prime abord, ce sont deux grands yeux profonds, enfoncés dans leur orbite, mais rayonnants de douceur et d'intelligence. Des mitaines cachent les stigmates des mains; ceux des pieds se devinent à la marche, car tout le poids du corps porte sur le talon. A l'école, elle ne se distinguait de ses compagnes ni par la piété, ni par les succès scolaires. Là, comme à la maison paternelle, c'était une enfant toute à sa tâche. (« Dernières Nouvelles » de Munich, N° 3, VIII, 1927). C'est une jeune fille calme, posée, sensée, pondérée, qui n'a rien d'outré dans les manifestations de sa piété.» (Curé Naber). Dans ses yeux si clairs et si doux rien ne paraît de ses souffrances. Ils gardent jalousement le secret du mystère qui, depuis des années, chaque vendredi, rayonne dans l'âme de la jeune dolente. A en juger par ses réponses, elle est gaie de sa nature, — avec un grand fonds d'esprit primesautier. Elle parle le patois du Haut-Palatinat dans toute sa pureté. En ceci, comme dans le reste de sa conduite, ses façons d'être sont naturelles, sans nulle intention de vouloir se rendre intéressante et d'attirer sur elle l'attention. Les faits étranges, dont son existence est illuminée et saturée, elle les subit, comme une épreuve inévitable, à laquelle il n'y a rien à changer. Les nombreux visiteurs quotidiens lui sont à charge. Comme toutes les personnes simples, naturelles et franches, elle a en horreur de se savoir l'objet de la curiosité publique. Ce n'est souvent que sur les instances pressantes de son confesseur qu'elle se décide à montrer ses stigmates. On sent qu'il lui répugne de le faire. Mais elle sait obéir. (Echo de Ratisbonne, 12, VIII, 27).

Elle n'a fréquenté que l'école primaire. Sa bibliothèque se composait de quelques livres de piété. A l'exception du catéchisme et du

Goffiné, elle n'a jamais lu qu'une vie populaire de sainte Thérèse de l'Enfant-Jésus. Aujourd'hui elle ne lit même plus que les lettres dans lesquelles on se recommande à ses prières. (Dr Niessen. Bulletin ecclésiastique de Crefeld, 1927, p. 491.)

Après avoir savouré la vie de sainte Thérèse de l'Enfant-Jésus, elle voua un culte spécial à cette sainte, dont la candeur l'avait charmée. La carmélite de Lisieux fut son idéal rêvé. — Thérèse Neumann *semble* avoir reçu du ciel une mission providentielle du genre de celle que Dieu confia — il y a un siècle — à Catherine Emmerich, religieuse à Dülmen (Westphalie). Mais laissons faire le temps et attendons la décision de notre Mère la sainte Eglise.

2° **L'Abbé Joseph Naber** depuis vingt ans curé de Konnersreuth a fait le catéchisme à Thérèse Neumann, dont il est aussi le directeur spirituel.

3° **Le Dr Otto Seidl,** médecin à Waldsassen, qui donne ses soins à la malade depuis 1919.

Antérieurement déjà le Dr Goebel de Tirschenreuth, le Dr Wilhelm Burckhardt de Hohenberg sur l'Eger — mort le 11, II, 1919 — le médecin de l'hôpital, le Dr Hitzelsberger de Mitterteich et le Dr Frank de Waldsassen avaient donné leurs soins à Thérèse Neumann.

4° **Le Dr Professeur G. Ewald,** médecin psychiatre, spécialisé dans les maladies nerveuses. Quand fut terminé l'examen de quinze jours auquel on avait soumis la stigmatisée, le Dr G. Ewald, qui avec le plus grand soin avait étudié les nerfs de Thérèse, fut mandé par l'évêque de Ratisbonne. Il publia dans les journaux le résultat de sa consultation. Son rapport fut défavorable, hostile même. L'archiprêtre de Bamberg, Th. Geiger, dans son admirable travail : « La Stigmatisée de Konnersreuth » signala et réfuta péremptoirement les contradictions dont ce rapport fourmillait.

Situation géographique.

Konnersreuth est une petite bourgade de 800 habitants, en majorité catholiques, située dans une contrée très boisée du Haut-Palatinat de Bavière, diocèse de Ratisbonne, sur les confins de la Bohême, non loin d'Eger, à égale distance de la gare d'Arzberg (ligne de Nuremberg à Eger) et de celle de Waldsassen (ligne de Ratisbonne à Eger). Au centre du village, place du marché, en face de l'église, s'élève la maison de la famille Neumann. Par un étroit escalier en bois on arrive au premier étage où, depuis 1927, se trouve la chambre de Thérèse, avec vue sur la place par deux croisées toujours fleuries. Jusqu'en septembre 1927, Thérèse avait trouvé bon souper et bon gîte au presbytère. En cette année 1927, Konnersreuth reçut chaque vendredi jusqu'à 5000 étrangers. Parfois plusieurs centaines d'autos stationnèrent sur la place, tant était grand le désir de voir l'extatique.

Précisions

Il est de la plus élémentaire prudence de réserver son jugement et de ne pas croire à l'étourdie quand il est question de stigmatisés. Le cas suivant prouve que l'imposture est possible en si délicate matière.

Une servante, Jeanne Jerovsek, en condition dans un couvent de Fiume, entendit une religieuse parler d'une personne pieuse, qui avait souvent des extases, et dont le corps portait les traces des cinq plaies du Sauveur. Cette servante résolut de ressembler à cette stigmatisée, dans l'espoir de passer pour une sainte et de faire fortune. Elle prétendit avoir obtenu du Sauveur cette grande faveur. Certains jours de la semaine elle eut des extases; des traces de sang parurent à la tête, au sein, aux mains et aux pieds. Elle quitta Fiume et se rendit à Wodica près de Laibach, en Carinthie — où les foules accoururent nombreuses, impatientes de voir l'extatique. Il fallut requérir les gendarmes pour maintenir l'ordre. Ce fut pour cette femme une opération très lucrative. Mais voici qu'un jour on la surprit dans un abattoir en train d'acheter du sang chaud. La chose s'ébruita. En janvier 1914 l'évêque de Laibach nomma une commission ecclésiastique assistée d'un médecin pour examiner le cas. L'enquête n'eut pas de résultat. Finalement un religieux résolut de faire la lumière dans cette affaire. Un jour qu'il se trouvait près de la servante à l'heure de l'extase, il souleva brusquement la couverture, et vit, cachés dans le lit, un flacon rempli de sang, une chaîne et des ciseaux qui lui avaient servi à produire les stigmates et les stries sanglantes. La duperie était éventée, et en 1914, le tribunal de Laibach condamna l'hypocrite à dix mois de réclusion.

Pourtant ne serait-ce pas se tromper grossièrement que de faire cas de cette supercherie pour nier l'existence des stigmates sur le corps de personnes d'une piété éclairée et qui aiment Dieu d'un amour pur, sincère et fort ?

Qui oserait dire :

Défense à Dieu de faire des miracles en ce lieu !

Voici la belle et prudente leçon que nous donna, dans la cathédrale de Munich, son Eminence le Cardinal Faulhaber :

« Le Christ a opéré des miracles qui sont la preuve de notre foi, et il a promis à son Eglise le charisme des miracles. Un disciple du Christ doit donc, sans *si* et sans *mais*, croire aux miracles de l'Evangile, comme à ceux qui, dans le cours de l'histoire de l'Eglise ont pu et peuvent encore se produire. »

Au début du XVIe siècle, il arriva même qu'une religieuse feignit d'avoir reçu des grâces extraordinaires, si bien que les contemporains de cette nonne, et parmi eux des dignitaires ecclésiastiques, voire même des inquisiteurs, en furent les dupes. Elle avait nom Madeleine de la Croix, de la Congrégation des Sœurs franciscaines, à Cordoue, et fut trois fois abbesse de son couvent. A l'âge de 40 ans elle attira l'attention sur elle par des extases, des visions et le don de prophétie.

Quinze ans durant elle simula un jeûne perpétuel, alors pourtant qu'elle se nourrissait en secret. De tous côtés arrivaient — en foule — ceux qui souffraient et pleuraient. Ajoutons que ce ne sont là que des cas isolés d'hypocrisie.

Mais prudence est mère de sûreté. Que faut-il donc penser de Thérèse Neumann, à Konnersreuth ? — Une chose est bien certaine, c'est que jamais les journaux n'ont tant et si impertinemment menti et défiguré l'histoire que dans le cas de cette fille d'un paysan de Konnersreuth. Et néanmoins, à la date à laquelle nous écrivons, elle est l'objet de l'universelle curiosité.

Vie et caractère de Thérèse

I. Un coup d'œil jeté sur la vie de Thérèse Neumann prouve à satiété que dans l'espèce il n'y a pas l'ombre de dissimulation.

1. Thérèse naquit le Samedi-Saint, 9 avril, de l'an de grâce 1898. Elle est l'aînée des dix enfants de Ferdinand Neumann, tailleur de son métier. Dans cette famille nulle trace de tare héréditaire. Elle-même est robuste, saine de corps et d'esprit. Pendant la grande guerre, alors que les hommes faisaient campagne, elle se gagea comme fille de ferme et fit le travail d'un domestique. Au service d'un cultivateur, Martin Neumann, elle ne recule pas devant les plus rudes besognes : elle laboure, conduit la semeuse, fume les terres, fait les courses en ville, porte au grenier des sacs de blé du poids de 75 kilogrammes, en gravissant les escaliers d'une maison de cinq étages. Aujourd'hui encore,

dans la famille de son ancien maître on parle avec admiration de son ardeur au travail, de sa loyauté, de son dévouement. Pieuse sans exagération, elle ressemblait à tout le monde : elle égrenait volontiers et pieusement le chapelet, prenait plaisir à faire le chemin de la croix et compatissait aux souffrances du Sauveur. On raconte qu'à l'école déjà, au récit de la Passion, Thérèse versait d'amères et intarissables larmes.

En 1914, elle vit une petite image de Thérèse de l'Enfant-Jésus, morte en odeur de sainteté au Carmel de Lisieux, dite la petite Thérèse pour ne pas la confondre avec Ste Thérèse d'Avila. Elle lut la vie de la Carmélite et quelques écrits dans lesquels il était question d'elle. Elle en prit occasion pour honorer cette jeune sainte et la supplier d'intercéder pour elle auprès de Dieu. Elle caressait aussi le projet d'entrer dans une congrégation de religieuses missionnaires. La guerre l'en empêcha. Jamais elle ne fréquenta les salles de danses et n'eut jamais d'amourettes.

2. Pour mieux comprendre certaines circonstances de la vie de Thérèse Neumann, il n'est pas inutile de donner ici une courte notice biographique de sa sœur de France.

Sainte Thérèse de l'Enfant-Jésus naquit à Alençon, le 2 janvier 1873. C'était le dernier rejeton de la famille Martin. A 15 ans elle entra au Carmel de Lisieux et reçut le nom de Thérèse de l'Enfant-Jésus. Elle mourut déjà le 30 septembre 1897, à l'âge de 24 ans. Son père avait surnommé « ma petite reine », cet ange terrestre. Après sa mort, de nombreux miracles dus à son intercession — et la série n'est pas close — témoignèrent en faveur de sa sainteté. « Mon bonheur au ciel, dit-elle, avant de mourir, sera de faire du bien à ceux qui marchent encore dans la poussière humaine. Après ma mort, je ferai tomber une pluie de roses sur la terre. » Par ordre de ses supérieurs, elle avait composé une autobiographie « Histoire d'une âme », œuvre admirable, que de nombreuses traductions ont fait connaître, aimer et admirer partout. La « petite Thérèse » fut proclamée bienheureuse 25 ans après sa mort, le 29 avril 1923, et canonisée le 17 mai 1925.

3. *Son Calvaire : préparation à recevoir des grâces de choix.* — C'est par les souffrances que Dieu cherche à détacher l'homme de l'attachement aux choses d'ici-bas : C'est la Voie purgative, pour parler comme les écrivains mystiques. Thérèse Neumann dut s'y engager aussi. Pendant qu'elle était servante, à l'âge de 20 ans, un grand malheur la frappa inopinément. Le 10 mars 1918 un incendie éclata chez le voisin de son maître. Deux heures durant, Thérèse transporta des cuveaux d'eau sur le toit, jusqu'à ce qu'elle s'affaissât à bout de forces, à la suite des efforts qu'elle avait faits pour aider à combattre le fléau.

Quand elle eut repris ses sens elle se plaignit de vives douleurs, surtout au dos et dans les jambes. Elle eut le sentiment d'être ligotée. Le médecin constata une lésion à la colonne vertébrale. Pendant près de deux mois elle fut soignée à l'hôpital de Waldsassen. De retour à la maison paternelle, elle dut s'aliter. Depuis octobre 1918, elle ne quitta plus le lit, paralysée qu'elle était. Elle se plaignait de grandes douleurs; le côté gauche était insensible même au courant électrique à haute-tension qu'on y faisait passer. Le pied gauche se tordit complètement. Cette paralysie gagna le bras gauche. Au moindre mouvement elle eut des crampes, des convulsions terribles qui la jetaient parfois hors de son lit. Depuis l'été 1918, sa vue se troubla, et, en mars 1919, elle fut atteinte de cécité complète. Par moments aussi elle fut sourde. A Noël 1922 la gorge se prit. Le cou enfla, des abcès s'y formèrent : impossible de dire un mot, et depuis 1923, elle refusa toute nourriture. Elle ne pouvait boire qu'à l'aide d'une paille. Elle eut de terribles crises d'étouffement qui lui congestionnèrent la face. Ajoutez à cela des abcès dans la tête avec évacuation de pus par les yeux et les oreilles. A la longue, des plaies suppurantes envahirent le dos. Ses souffrances étaient atroces. Sa famille pensait que la mort n'allait pas tarder à délivrer la pauvre malade : on commençait déjà à distribuer ses vêtements.

4. *Guérison soudaine de la cécité de Thérèse.* — Le 29 avril 1923, jour de la béatification de Thérèse de l'Enfant-Jésus, vers six heures du matin, Thérèse, aveugle depuis quatre ans, recouvra soudainement la vue. A l'entrée de sa sœur Crescence, qui depuis avait bien grandi, elle lui dit : « Qui es-tu ? » A la vue d'une autre de ses sœurs, Odile, qui venait également la voir, elle s'écria : « Comme tu as grandi ! » Ensuite vint la mère qui lui présenta des fleurs que la malade saisit aussitôt. Et quelques instants plus tard elle constata — à sa grande surprise — qu'elle voyait assez pour pouvoir lire un imprimé en petits caractères. Plus de doute possible. Elle voyait. La malade et tous les siens attribuèrent cette faveur à l'intercession de la bienheureuse Thérèse de l'Enfant-Jésus.

5. *Guérison soudaine de la plaie suppurante du pied gauche.* — Les parents redoutaient une amputation du pied gauche qui continuait à suppurer. Par pitié pour sa pauvre maman toujours inquiète, toujours angoissée, la malade — c'était le 3 mai

1925, — supplia la bienheureuse Thérèse de l'Enfant-Jésus d'intercéder pour elle. Elle se fit appliquer sur la plaie trois pétales de roses cueillies sur la tombe de la défunte, et envoyées par un religieux carme du couvent de Reischach. Aussitôt la douleur cessa, et quand on enleva le bandage, plus trace de suppuration : la partie malade du pied avait fait peau neuve.

6. *Guérison instantanée de l'épine dorsale et de la paralysie.* — C'était le dimanche 17 mai 1925, 2e dimanche après la Pentecôte, jour de la canonisation de Ste Thérèse de l'Enfant-Jésus. A 2 heures, la dévotion du Mois de Marie réunissait les fidèles à l'église paroissiale ; soudain la malade, qui — depuis le mois d'octobre 1918 — donc pendant six ans — n'avait pu se soulever sur son lit, vit luire une lumière blanche, plus éclatante que celle du soleil, mais douce au regard. Elle en fut effrayée et poussa un cri tel que ses parents accoururent. Puis elle entendit une voix sympathique lui dire : « Resl, veux-tu guérir ? » — Il m'est indifférent de guérir ou de conti-

nuer à être malade, répondit-elle, c'est comme le bon Dieu voudra. — Une amélioration qui te permettrait au moins de t'asseoir et de marcher, ne te serait-elle pas agréable? — Rien de ce que Dieu veut ne saurait m'être désagréable. — Eh bien, Resl, je vais te procurer une légère satisfaction. Tu pourras t'asseoir et marcher. Essaie avec mon aide.» Aussitôt la malade se redressa, s'assit sur son lit et il lui sembla que quelqu'un l'avait aidée. Puis la même voix lui dit : « Il te faudra encore endurer de longues et cruelles souffrances, et tout l'art des médecins sera impuissant à te guérir. Souffrir, telle est ta vocation, et par les souffrances tu seras d'un grand secours aux prêtres. Mais sois sans inquiétude ; je t'ai aidée jusqu'à ce jour et je continuerai à le faire. Par la souffrance on sauve quantité d'âmes. N'ai-je pas moi-même écrit, un jour, que «les souffrances ramenaient plus d'âmes à Dieu que les plus brillants sermons. » Le curé de Konnersreuth, mis au courant de ces faits, lui dit plus tard que ces paroles se trouvaient dans une lettre de Sainte Thérèse de l'Enfant-Jésus adressée aux missionnaires, et que par conséquent la voix qu'elle avait entendue était bien celle de la sainte. La malade pleura quand disparut la lumière miraculeuse. Avec elle, la joie était partie. Puis soudain elle fut brillante de santé. Elle demanda ses habits en disant : « Je puis marcher », s'habilla, se leva et arpenta la chambre, soutenue — simple mesure de prudence, — par des mains charitables. C'était depuis octobre 1918 — donc depuis 6 ans et demi! — les premiers pas qu'elle faisait. Au grand étonnement de tous, la jambe gauche estropiée était complètement guérie. Depuis ce jour Thérèse marchait comme tout le monde, et son épine dorsale avait repris la forme normale : plus de déviation, plus de crampes non plus. Sans doute, à la suite d'une si longue et douloureuse maladie, ses jambes étaient encore bien faibles. Thérèse n'était pas bien ingambe et il fallait la soutenir parfois. Le 11 juin 1925, à la grande surprise de toute la population de Konnersreuth, qui accourut voir cet étonnant spectacle, elle se rendit à l'église et y pria avec ferveur. Les habitants n'ignoraient pas que pendant 7 ans Thérèse avait été privée de l'usage de ses jambes ; de là leur étonnement à la voir marcher.

7. *Elle marche librement.* — Le 30 septembre 1925, jour anniversaire de la mort de Ste Thérèse de l'Enfant-Jésus, vers 1 h. 30 du matin, pendant qu'à la lueur d'une lampe électrique Thérèse priait au lit, la lumière merveilleuse brilla de nouveau, et la voix au timbre connu se fit entendre : « A partir de ce jour, tu seras assez forte pour marcher sans le secours d'autrui. Les souffrances corporelles diminueront, mais tu en endureras d'autres plus douloureuses. » — Thérèse Neumann répondit qu'elle se demandait si elle était dans la bonne voie, car les gens la jugeaient différemment. — «Obéis aveuglément à ton confesseur, n'aie pas de secrets pour lui et fais ce qu'il te dira; n'aie d'autre volonté que la sienne, et sois ingénue comme les enfants. » A ces mots la splendide lumière disparut. Aussitôt Thérèse se leva et essaya d'arpenter la chambre. Elle réussit à mer-

veille et le matin elle put se rendre à l'église sans aucune aide.

8. Nouvelles souffrances. Guérison de l'appendicite. — La prophétie ne tarda pas à se réaliser. Elle eut bientôt à supporter de grandes souffrances. Le 7 novembre 1925 elles furent si lancinantes qu'elle dut s'aliter de nouveau. On fit venir le docteur Seidl de Waldsassen qui pronostiqua un cas d'appendicite aiguë et ordonna de transférer sans tarder la malade à l'hôpital pour y être opérée. Pendant les préparatifs du départ, le curé de Konnersreuth conseilla de prendre une relique — un cheveu de la sainte de Lisieux, que le P. Carme Sérafin avait donné à Thérèse, et qui ne la quittait jamais — et de le placer sur la partie malade. Pendant que les assistants invoquaient la sainte, Thérèse, qui, peu d'instants auparavant se tordait de douleur comme un ver de terre sous le pied du passant, se souleva sur sa couche : elle fut comme transfigurée, et les bras en croix elle s'entretint avec un être invisible. Elle vit de nouveau la splendide lumière et entendit la voix bien connue. En même temps elle aperçut une main blanche, dont trois doigts étaient étendus et les autres fermés. Cette main devait certainement marquer l'intervention d'une puissance invisible. Elle entendit ces paroles : « Pour que le monde reconnaisse l'action d'une puissance mystérieuse, l'opération sera inutile. Lève-toi, rends-toi à l'église, et, sans tarder, remercie Dieu. Il te faudra encore souffrir beaucoup, et par là travailler au salut des âmes, mais ne crains rien, même pas les épreuves intérieures. » Et à l'instant toute trace de douleur et de fièvre disparut. Sans tarder, la miraculée se leva — il était sept heures du soir — et, accompagnée de quelques personnes, se rendit à l'église pour y rendre grâce à Dieu. Qui dira la surprise du médecin, quand il vit la malade rétablie !

9. Pendant le carême de 1926, le Sauveur lui apparut à plusieurs reprises, et la plaie du côté parut. Le Vendredi-Saint 1926 parurent aussi les stigmates aux mains et aux pieds, et elle pleura des larmes de sang.

Pendant les premiers jours du carême de 1926 elle dut s'aliter de nouveau à la suite d'abcès dans les oreilles ; ces abcès s'ouvrirent le Samedi-Saint. Au cours de cette nouvelle épreuve les douleurs furent telles qu'elle ne pouvait même plus prier. Pendant une nuit d'insomnie elle vit le Sauveur prosterné sur le mont des Oliviers, à côté de lui le jardin avec ses rocs, ses arbres, en même temps, les trois disciples adossés aux rochers. Soudain elle ressentit une vive douleur au flanc, et quelque chose de chaud en coulait — c'était du sang qui ne cessa de s'en échapper qu'au matin. Alors seulement elle eut le mot de l'énigme en remarquant au flanc gauche une plaie longue d'environ 3 centimètres et demi, et large d'un. Le jeudi de la semaine suivante, un peu avant minuit elle vit la flagellation du Sauveur. Huit jours plus tard elle fut témoin du couronnement d'épines, et le jeudi suivant du portement de croix : les mystères douloureux. Le Jeudi-Saint elle vit de nouveau le Sauveur au jardin des Oliviers, et le Vendredi-Saint elle assista à toute la passion de Jésus depuis son agonie jusqu'à sa mort sur la croix. Pendant qu'elle semblait elle-même en agonie dans son lit, le sang qui coulait abondamment de la plaie du côté et des yeux, rendit les assistants attentifs à la plaie du cœur. Quand le jour du Vendredi-Saint Thérèse sortit de son extase, elle sentit aussi le sang couler de ses mains et de ses pieds ce qui la fit beaucoup souffrir, comme par la présence d'un corps étranger. Les siens et le curé, qu'on avait mandé, constatèrent des plaies rondes et béantes aux mains et aux pieds : du sang pur et frais en coulait. Ce phénomène dura 15 jours, puis une peau mince se forma, qui se déchirait chaque vendredi quand le sang se remettait à couler. Pendant que l'Eglise chantait l'alléluia du temps pascal le flux de sang cessa ; de même pendant le temps de Noël. Le docteur Seidl y appliqua une pommade hémostatique. Il en résulta pour la malade de si atroces souffrances et une si forte enflure, que l'on dut renoncer au pansement. Le médecin recommença l'essai avec ce merveilleux résultat que la pauvre victime gémissait douloureusement et finalement perdit connaissance. Le 17 avril 1926, le matin de bonne heure, elle pria sainte Thérèse de l'Enfant-Jésus de vouloir bien lui indiquer comment il fallait traiter les plaies. Elle eut à peine présenté sa requête que le bandage se relâcha, et elle pria les siens de l'enlever. Le bandage ôté, on remarqua que la plaie refermée était recouverte d'une mince peau transparente. Le Dr Seidl renonça dès lors à prescrire de nouveaux remèdes.

Le Vendredi-Saint 1927 les plaies parurent à la surface des mains et à la plante des pieds. A partir de ce jour le sang ne coula plus que des yeux et de la plaie du côté. Sur le haut des pieds et des mains se forma une épaisse croûte de sang coagulé de la taille d'une petite pièce de monnaie.

10. La couronne d'épines. — Le vendredi 5 novembre 1926 parurent soudain, autour de la tête, des plaies sous forme de couronne, qui causèrent à Thérèse des douleurs lancinantes. Plus tard, le 19 novembre, pendant les extases du vendredi, le sang ruissela d'abord en trois, puis en huit endroits de la tête, et ensanglanta le foulard de grosses taches rouges. Ce sang commençait à sourdre au moment où Thérèse, en extase, voyait la couronne d'épines de Jésus. De temps à autre elle portait la main à la tête comme si elle cherchait à arracher les épines. Si l'un des siens touchait un tant soit peu brusquement la tête de Thérèse les douleurs augmentaient et finissaient par devenir intolérables.

11. Après une douloureuse agonie, une guérison soudaine. Le vendredi 19 novembre 1926 fut son Golgotha. Son état empira tellement, que dès le matin, son curé lui administra l'extrême-onction. L'extase terminée, sa pneumonie s'aggrava. La paralysie des poumons faisait prévoir une mort rapide. D'heure en heure on attendait la fin. Durant l'après-midi l'agonie commença. Elle râlait déjà et finit par perdre complètement connaissance. Vers 6 heures elle était semblable à une morte. On lui mit entre les mains la croix, et on alluma le cierge des agonisants, pendant que le prêtre disait les dernières prières. Le corps était déjà froid. Et voici que soudain, à l'étonnement général, Thérèse se dressa sur sa couche ; souriante elle étendit gracieusement les bras, comme fascinée. La lumière connue brilla de nouveau à ses yeux et elle entendit ces mots : « Tu ne mourras pas encore. Dieu a permis ce qui vient de se passer pour montrer qu'il existe une puissance supérieure. Il te faudra souffrir davantage encore pour travailler avec les prêtres au salut des âmes. » Sa famille qui s'attendait à la voir expirer, pleurait de joie à la vue de cette guérison inespérée. Plus de traces de points de côté, d'asthme, de douleurs poignantes : tout cela avait disparu sans crainte de retour. Le lendemain Thérèse circulait comme si de rien n'était. Il semble donc difficile d'attribuer ces souffrances à une cause naturelle.

12. Blessure de l'épaule. — Pendant le carême de 1928 Thérèse Neumann ressentit des douleurs dans l'épaule droite qui cessèrent à la fin de la semaine sainte. Pendant le carême de 1929 ces mêmes douleurs revinrent mais plus violentes. Le vendredi 8 mars 1929 une grande tache de sang fut subitement visible sur son habit à l'épaule droite ; il était donc manifeste qu'avec les autres stigmates de Jésus-Christ elle porta également celui de l'épaule droite.

13. Blessures de la flagellation. — Pendant que Thérèse Neumann, en extase, le Vendredi-Saint 1929, voyait les souffrances de la flagellation du Christ, elle ressentit de très fortes douleurs dans le dos et sur la poitrine, alors parurent également des taches de sang sur sa chemise. Elle avait donc ressenti les douleurs et reçu les mêmes plaies que le Christ pendant la flagellation.

Tout cela prouve abondamment que ces épreuves furent pour Thérèse une source de grandes grâces, et qu'il y eut comme une gamme ascendante de faveurs spirituelles.

II. Il ressort du caractère de Thérèse Neumann qu'elle n'est pas une hypocrite, mais

une honnête personne et une fervente chrétienne.

La preuve, je la trouve dans une de ses paroles. N'a-t-elle pas dit, un jour: «J'aime tout autant celui qui me dit : vous êtes une dupeuse, que celui qui m'appelle une sainte. Mais les deux me font pitié à cause de leur commune sottise, le premier parce qu'il suppose que la duperie est possible en pareille matière, et l'autre parce qu'il ignore que nous sommes tous loin d'être des saints, tout en tendant à la perfection.» Léopold Witt, curé de Münchenreuth, qui a publié sur Thérèse Neumann un livre intitulé: «Les Souffrances d'une personne heureuse» (paru chez Albert Ungerer, Waldsassen), a promis 1000 mark à qui prouverait qu'il y avait de l'imposture dans le cas de la stigmatisée de Konnersreuth. Personne ne s'est encore présenté pour toucher cette somme. Du reste, on ne quitte pas Thérèse Neumann, sans emporter de cette visite une excellente impression, tant est grande son ingénuité. Le Dr Jean Hollnsteiner, chargé de cours à l'Université, porte sur elle ce jugement motivé : « Sa naïveté si naturelle explique pourquoi, de tant de milliers de visiteurs, témoins de ces faits extraordinaires, pas un seul n'a eu l'idée d'accuser la jeune fille de mystification et de supercherie. A l'unanimité — chose rare — tous les auteurs des rapports sur ces événements, affirment que pareille supposition serait pure folie. » Les réponses qu'elle donne à des rustres sont une preuve péremptoire de son ingénuité. A un grossier personnage qui lui dit, un jour, que sa place était dans une maison de correction, elle lui répondit avec un calme imperturbable : « Pourquoi pas, là aussi je pourrais m'entretenir avec Dieu sans être dérangée par les curieux.» Un médecin lui dit un jour: «Vous vous êtes tellement familiarisée avec ce Jésus, en qui vous croyez fervemment, que cette conviction a produit vos plaies. C'est la conséquence naturelle de vos pensées constamment appliquées à la méditation de la passion. » Elle lui répondit en souriant: « Prenez garde de ne pas être trop intime avec le diable : sinon, un beau jour, il pourrait vous pousser une paire de cornes. »

Le Dr Richard Stephan, médecin en chef de la clinique médicale de l'Hôpital Ste-Marie à Francfort-sur-le-Mein, qui avait observé et étudié Thérèse à fond, affirme dans son rapport paru en 1927 (Journal de Francfort) : « Il ne saurait en aucune façon être question d'imposture, voulue ou non. Du reste, le Curé de Konnersreuth a fait et fait encore le possible et l'impossible pour prévenir et empêcher toute mystification — comme par exemple, en cas d'alimentation secrète. Le Dr Auguste Naegle, professeur à l'Université de Prague, qui, en juillet 1927, a vu et longuement observé la stigmatisée, résume ainsi ses impressions : « Pour tout homme qui sait regarder et voir, les stigmates de Thérèse Neumann sont une réalité, un fait indéniable.» Le Dr Georges Wunderle, professeur à l'Université de Würzburg, qui, depuis 1926, a maintes fois examiné Thérèse Neumann, la juge ainsi dans sa brochure éditée à Eichstaett : « Je suis fermement convaincu qu'on ne pourrait faire une plus révoltante injustice à cette personne qu'en l'accusant de dissimulation, d'hypocrisie ou d'imposture », puis il ajoute que la famille des maîtres, chez qui elle était en condition jusqu'en 1918, n'a eu qu'à se louer de sa loyauté et de son travail consciencieux.

Un biologue éminent prétendit dans la presse berlinoise que les stigmates de Thérèse Neumann étaient artificiels. Un psychiatre alla jusqu'à affirmer dans une Revue de médecine que les stigmates étaient artificiellement produits par des piqûres d'épingles, ou par une autre irritation.

De preuves point ! — Qu'y a-t-il de plus bas, de plus vil, de plus infâme que de calomnier une honnête personne ? Il y a là absence complète de science et de conscience. Cela donne une piètre idée de la méthode scientifique de ces gens-là.

La preuve de sa piété vraie, franche, sincère, je la trouve, dans ses conversations où transpire le plus pur amour de Dieu: «Je supplie le divin Maître de m'envoyer de nombreuses souffrances, mais qu'elles restent secrètes. Je le conjure même de me faire souffrir dans l'autre monde, aussi longtemps qu'il y aura encore sur terre des hommes qui ne l'aiment pas. » Le coadjuteur d'Olmütz, Dr Schinzel, la visita — avec l'autorisation de l'Ordinaire de Ratisbonne. Il lui demanda en la quittant ce qu'il devait prêcher pendant sa tournée de confirmation. — « Parlez aux catholiques de la bonté infinie du Sauveur, et dites-leur, qu'en retour de tant d'amour, ils l'aiment de toute leur âme.» (Gazette du peuple, Trautenau, 16, V, 1928.) Elle n'avait rien de plus à cœur que de sauver des âmes. Elle dit un jour: «Je souffre atrocement, mais sans me plaindre quand je sais que mes souffrances peuvent guérir d'autres personnes.» Après ses souffrances habituelles du vendredi elle dit une fois au Sauveur : « Si par mes souffrances j'arrive à vous gagner quelques âmes, Seigneur, faites que, pendant toute l'éternité, je souffre incomparablement plus encore ; je porterai avec joie le poids de la douleur. » Que voilà l'amour du prochain poussé jusqu'à l'héroïsme ! Jeune encore, elle priait déjà aux intentions suivantes : Le Lundi, elle recommandait au Saint-Esprit les religieux et les religieuses. Le Mardi, elle recommandait tous les enfants aux saints anges. Le Mercredi, elle priait saint Joseph pour les familles chrétiennes, les associations pieuses et les ouvriers. Le Jeudi, jour consacré à honorer le saint Sacrement, elle recommandait à Jésus eucharistique les prêtres et missionnaires. Le Vendredi, elle méditait la passion du Sauveur et le Sacré-Cœur et lui recommandait tous ceux qui souffraient, peinaient et pleuraient, ainsi que les âmes du purgatoire. Le Samedi était consacré à la Mère de Jésus à qui elle recommandait les jeunes filles. Chaque dimanche, elle priait la Très Sainte Trinité pour la conversion des pécheurs.

Dès son enfance elle n'avait donc en vue que le salut des âmes ; nous ne serons donc pas étonnés que Dieu l'ait comblée de faveurs.

Elle était entièrement soumise à la volonté de Dieu comme le prouvent ces paroles: « Je préférerais travailler. Mais si tel n'est pas le désir de Dieu, qu'il me soit fait selon sa paternelle volonté. Ne suis-je pas sa servante, son enfant. Qu'on m'enferme ou qu'on me pende au clocher, peu m'importe. Pourvu que sa volonté soit faite. Je n'ai d'autre volonté que celle de mon Sauveur. Que je sois bien portante ou malade, ma seule ambition est de ne pas peiner le Sauveur et de lui être agréable. » Lorsque, le 17 mai 1925, elle entendit une voix qui lui disait: « Resl, veux-tu guérir ? » — « C'est comme vous le voudrez. Guérir, continuer à souffrir, vivre ou mourir, que la volonté de Dieu soit faite! » Un visiteur lui demandait un jour si elle voyait venir le vendredi avec effroi ou avec joie. Elle lui répondit: «Joie ou effroi, j'accepte tout ce que le bon Dieu m'envoie.» Elle agrée donc l'épreuve comme un don de Dieu et affirme que ses longues années de souffrances furent les plus heureuses de sa vie.

Thérèse est aussi humble. Elle n'est jamais plus heureuse, dit-elle, que lorsque personne ne s'occupe d'elle. Si elle ne ferme pas sa porte aux visiteurs, c'est dans l'espoir que Dieu se servira d'eux pour rappeler aux hommes la passion du Sauveur. A l'église, rien n'attire l'attention sur elle. Sa place est derrière le maître-autel, où le prêtre lui porte la sainte Communion. Pour cacher les stigmates des mains, elle met des mitaines.

A tous ceux qui ont vu Thérèse, elle a fait l'impression d'une personne simple, sincère, sans l'ombre d'une dissimulation.

Thérèse prie avec beaucoup de ferveur, comme si elle jouissait de la vue de Dieu. « Sa façon de prier, dit son curé, est touchante, simple, naturelle, elle prie de tout son cœur, comme un enfant qui s'entretient avec son père. Quand sa prière est terminée, sa demande faite, elle dit à Jésus : « Vous êtes plus intelligent que moi, et vous finirez bien par tout arranger.» Elle n'a d'autre désir que de mourir bientôt. La mort serait pour elle la bienvenue. Son cœur brûle d'amour pour Dieu. Elle appelle l'heure où la mort l'unira à lui. Elle pourrait dire avec une autre Sainte: «Seigneur, il est temps de nous voir. » On sait partout que ses prières ont converti et guéri de nombreuses personnes. — « J'ai contribué à rendre la foi à une foule d'incrédules. » Voici deux faits qui en témoignent :

Caroline Bindl, de Konnersreuth, est mère de 12 enfants, dont six garçons et cinq filles vivent encore. En 1925, après la naissance du dernier de ses enfants, — à l'âge de

41 ans — elle fut atteinte d'hydropisie. Quand le mal atteignit le cœur, elle alla, ou plutôt elle se traîna chez son médecin, le Dr Sass, de Ortsberg, qui lui dit après examen médical : « Madame, vous êtes perdue. Si vous pouvez encore faire le trajet, rentrez chez vous et gardez le lit.» Le mal empira de jour en jour. A cette nouvelle, Thérèse Neumann dit à sa mère : « Il ne faut pas que la Bindl meure. Je prierai pour elle jour et nuit. » Elle le fit et offrit à Dieu ses souffrances pour la malade, dont l'état s'améliora rapidement. La malade pesait alors 77 kilos, elle perdit chaque jour un kilog. et demi. Quand elle eut éliminé toute l'eau, elle se leva et reprit ses occupations journalières aux champs et à la maison.

L'Autrichien Ernest Zembsch, contremaître dans une fabrique de porcelaine, était perclus de rhumatismes depuis qu'il avait aidé à éteindre un incendie et ne quittait plus le lit. Sa femme alla confier son chagrin à Thérèse Neumann, qui lui promit de commencer une neuvaine, la priant d'en faire une aussi pour obtenir la guérison de son mari.

O prodige! — Dix jours plus tard, le malade se leva, sa santé s'améliora de jour en jour et il put reprendre son service à l'usine. Le Nouveau Journal de Vienne publia ces faits, qui furent aussi relatés dans une brochure spéciale.

III. Les stigmates et autres phénomènes mystiques chez Thérèse Neumann ne suffisent pas pour prouver la perfection propre de la stigmatisée, car toutes ces faveurs spirituelles ne sont accordées que pour le salut du prochain et non en récompense de la vertu personnelle.

Thérèse Neumann ne l'ignore pas. « Je n'ai jamais eu la prétention ni le désir de me distinguer de mes compagnes ou d'attirer sur moi l'attention du monde. J'étais une pauvre servante — comme il y en a beaucoup, — et n'ai jamais formé d'autre souhait que celui de bien faire mon travail. Je sais fort bien que les stigmates à eux seuls ne prouvent pas qu'on soit en état de grâce. Je n'ai pas l'audace de croire que les stigmates et les visions me donnent la certitude de mon salut éternel.

Cela seul ne me préserve pas de la damnation éternelle. Que celui qui est debout prenne garde de tomber.» (Angerer. — Les Phénomènes de Konnersreuth.)

Voici ce qu'on lit sur cette question dans le Catéchisme populaire de Spirago: «L'Esprit-Saint donne à certaines personnes des grâces extraordinaires : don des langues, des miracles, de prophétie, visions, extases. (1 Cor. XII, 8). Le Saint-Esprit distribue ses dons à son gré. (1. Cor. XII, 11). Il n'accorde des faveurs exceptionnelles que pour le salut du prochain et le bien de l'Eglise, et, comme ce fut l'usage au temps des Apôtres, pour la propagation rapide de l'Eglise. Dieu agit comme un jardinier qui n'arrose les plantes que tant qu'elles sont jeunes. Dieu — quand la foi diminue, — vient au secours de son Eglise et multiplie ses grâces et ses faveurs. Des grâces de choix par elles-mêmes ne rendent pas l'homme meilleur. Ce ne sont que des privilèges, des faveurs à l'instar des richesses, des situations dans le monde, d'une longue vie. Elles sont assurément une faveur avantageuse, source de grands biens, de vrais mérites. On peut posséder le don des miracles et néanmoins perdre son âme, car cela ne donne pas la certitude d'être sauvé. On dit que Judas a opéré des miracles, et pourtant, hélas !... Des faveurs spirituelles extraordinaires ne sont pas toujours une marque de sainteté. (Saint Matthieu, VII, 22 et 23). Saint Paul donne à entendre que les faveurs célestes peuvent exister sans la grâce. (I. Cor. XIII, 2). Il n'est pas moins vrai, qu'à de très rares exceptions près tous les saints ont reçu des grâces extraordinaires. Ces grâces, en règle générale, ne sont pas données aux pécheurs, mais aux justes. Que si elles sont accompagnées de vertus héroïques, elles sont une preuve solide de la sainteté de celui qui les possède. (Benoît XIV). De plus grandes faveurs spirituelles sont toujours pour l'homme une source de grandes douleurs : sécheresses spirituelles, tentations diaboliques, maladies, persécutions, enquêtes sévères ordonnées par les supérieurs, etc. Le but de ces épreuves est de maintenir les serviteurs de Dieu dans l'humilité. (Sainte Hildegarde) ».

Ceux qui dans les journaux appellent ironiquement Thérèse Neumann une « sainte nouvelle », affichent leur ignorance de la science religieuse. Sont logés à la même enseigne ceux qui parlent de la canonisation imminente de la vierge de Konnersreuth. Ils n'ont pas la moindre idée de la canonisation. Nul ne peut être canonisé de son vivant, car seules les vertus pratiquées à un degré héroïque attestent la sainteté, et personne ne saurait dire si ces vertus existeront encore à la mort de celui qui les a longtemps pratiquées. Voici ce que, dans son Catéchisme populaire, Spirago écrit sur ce délicat point de doctrine : « Si une personne meurt en odeur de sainteté, on dit que ce fut un serviteur ou une servante de Dieu. Dès que le Saint-Père s'est prononcé sur la réalité des vertus héroïques d'un mortel, ou que celui-ci mourut martyr, il est déclaré vénérable (Cod. 2115). Si par son intercession deux ou trois miracles ont été constatés, le pape peut le proclamer bienheureux (Cod. 2117) et son culte public est autorisé en certains lieux désignés par l'Eglise

(Cod. 2117, 2). Mais il n'est pas encore permis de construire des églises ou d'ériger des autels en son honneur. (Cod. 1168, 3, 1201, 4). Deux ou trois miracles nouveaux peuvent hâter la canonisation (Cod. 2138) et son culte devient public. Il est alors, mais alors seulement, permis de faire construire des églises, d'ériger des autels, de réciter des prières publiques en son honneur, d'exposer ses reliques à la vénération des fidèles et d'offrir le saint sacrifice de la messe en son nom. Les peintres et les sculpteurs sont alors autorisés à nimber sa tête d'une auréole.

On peut le fêter solennellement dans toutes les églises. C'est la canonisation, ainsi appelée parce que son nom figure désormais dans le Canon des saints. — L'examen de la vie et des miracles, très serré, sévère même, est fait par une commission composée de cardinaux, d'avocats, de médecins, de naturalistes-physiciens qui ont prêté serment, et habituellement 50 ans seulement après la mort du serviteur de Dieu (Cod. 2101). Le pape, dans le dôme de St-Pierre, procède solennellement à la canonisation. Si quelqu'un se formalisait de voir le pape béatifier et canoniser, qu'il veuille bien considérer que Dieu a déjà — si j'ose dire — canonisé le personnage dont il s'agit par les miracles accordés à son intercession et qui prouvent sa sainteté. »

IV. On ne saurait comparer les événements mystiques observés chez Thérèse Neumann aux tours d'adresse du mineur Paul Diebel de Waldenbourg et à d'autres prestidigitateurs célèbres, car Thérèse ne recherche en rien ses avantages, et elle refuse toute aumône, toute rémunération.

Paul Diebel, cordonnier et mineur à Waldenbourg en Silésie, était un blond, aux joues fleuries, de mine superbe, qui se produisait en public, à l'âge de 32 ans, en Suisse, en Pologne, au jardin d'hiver à Berlin et en d'autres lieux. En présence de médecins et d'une nombreuse foule de curieux, en 1927, il pleurait des larmes de sang, faisait paraître sur sa poitrine une croix sanglante et des gouttes de sang sur la peau. Les journaux jubilèrent et parlèrent de lui comme d'un concurrent de

Thérèse Neumann. L'erreur fut de courte durée. En avril 1928, comme le rapporte le « Berliner Tageblatt », Diebel, dans un café de Berlin, avoua sa supercherie et révéla à des journalistes sa manière d'agir. Voici comment il opérait : une ou deux heures avant de donner sa représentation, il prenait un objet dur, une règle ou un rayon, et imprimait deux lignes en forme de croix sur la peau. L'impression disparaissait rapidement sans laisser de traces. Par un effort musculaire, il réussissait à produire un afflux de sang à l'endroit «travaillé, manipulé» et aussitôt se formait une croix d'un rouge foncé. Pour produire les larmes de sang, il lui suffisait, peu de temps avant la représentation, de blesser le muscle oculaire avec un objet pointu. La trace de l'opération effacée rapidement, il n'avait — au moment du spectacle offert au public — qu'à exercer une forte pression musculaire pour faire saigner l'endroit antérieurement travaillé et manipulé par lui. Diebel avoua que ses managers l'exploitaient si indignement, que, malgré la rétribution obtenue, il ne pouvait plus subvenir aux besoins de sa famille. Mécontent, indigné, il fit connaître « son truc. » Peu de temps après cet aveu sensationnel de Diebel, Kurt Landberg, un de ses managers, révéla que Diebel avait, cachée sous son tricot, une épingle dont la pointe adroitement maniée par lui faisait jaillir des gouttelettes de sang. De temps à autre avec ses doigts rougis, il lançait une traînée de sang sur une partie du corps pour figurer des plaies sanglantes. Dans une lettre envoyée au journal « Bohemia » de Prague (N° du 21 avril 1928), Diebel avoue que ses essais ne furent pas toujours couronnés de succès. Ses échecs complets et retentissants, dans un cabaret d'un faubourg de Berlin, et une autre fois à Breslau, le firent huer par le public. Alors qu'autrefois il était insensible, il éprouvait maintenant de fortes douleurs pendant que le sang coulait abondamment de ses blessures. Voici un compte rendu d'une représentation donnée par Diebel, qu'on peut lire dans le N° du 21 mai 1928 du journal du peuple de Warnsdorf. « Diebel, solide gaillard trapu, opérait en caleçon de bain, aux sons de la musique. Il essaya d'abord de pleurer des larmes de sang. Après d'énormes efforts, les yeux devinrent légèrement rouges, mais personne ne put constater que des larmes de sang avaient réellement coulé. Après cela, ce fut le tour de la sueur de sang. Après quelques minutes d'efforts, du sang parut à la cuisse, sans qu'il y eût trace de blessure. Il fit ensuite passer une épingle à travers l'avant-bras, finalement avec une carabine à air comprimé on lui perça le bras de trois flèches sans signe extérieur de douleur. »

Tout autre est l'histoire de Thérèse Neumann. Ici nul tour de force. Elle n'accepte ni argent, ni cadeaux. Son Eminence le Cardinal Faulhaber, dans son sermon du 6 novembre 1927, à la cathédrale de Munich, rappela qu'on offrit des millions à Thérèse si elle permettait qu'on filmât les extases de sa passion pour les cinémas des capitales de l'Europe. (Ce sermon parut dans le Correspondant du clergé allemand. Ratisbonne, 1927, No 12). Thérèse refusa l'offre. Cet acte quasiment héroïque de la pauvre fille si dénuée de ressources devrait suffire pour réduire ses calomniateurs au silence. Si, au début, on accueillait des milliers de visiteurs qui dérangeaient le père de Thérèse dans son travail et fatiguaient la malade en viciant l'air de sa chambre, ce ne fut pas à cause des avantages que la famille en pouvait retirer, mais pour ne pas fournir prétexte à des cachotteries. De plus, la famille était d'avis qu'il fallait accueillir les visiteurs pour que la vue des extases de Thérèse leur rappelât la passion du Sauveur. Et de fait, au cours des deux années pendant lesquelles on faisait bon accueil à tous les visiteurs, avec l'autorisation de l'Ordinaire, ces visites contribuaient grandement à fortifier les sentiments religieux dans l'âme de beaucoup de personnes qui, arrivées en simples curieux, partirent convaincues et converties, résultat heureux que ne produisent pas toujours les missions populaires.

Mgr Vaitz, de Feldkirch, déclare qu'en quittant Konnersreuth, lui et ses compagnons avaient le sentiment d'avoir clôturé une retraite, si salutaires et si profondes furent les impressions qu'ils en emportèrent.

V. Il est faux de dire que la famille Neumann accepte des présents.

Thérèse Neumann refuse impitoyablement toute espèce de cadeau en disant: « Je ne veux pas monnayer mes souffrances». Elle accepte toutefois des fleurs et des petites images. Même désintéressement de la part des parents. Dieu sait pourtant qu'ils auraient bien droit à un dédommagement en retour de la boue que les étrangers laissent dans la maison, des escaliers qu'ils usent, de la perte de temps qui en résulte pour la famille — et le temps c'est de l'argent — dont le chef ne peut exercer son métier sans grands dommages.

Quelques feuilles socialistes et communistes — avec leur bonne foi habituelle ! — ont prétendu que le « pauvre tailleur Neumann » avait ajouté un étage à sa maison et restauré l'intérieur grâce à la générosité des visiteurs. C'est une pure calomnie. Jusqu'à ce jour, les parents de Thérèse ont refusé d'accepter des cadeaux. Pourtant c'eût été une bonne aubaine pour eux et la nombreuse famille qu'ils élèvent à la sueur de leur front. Quant à la restauration de la maison, elle consiste en ceci : l'escalier usé par le passage de plus de cent mille visiteurs, fut naturellement détérioré, usé. Les inspecteurs des bâtiments du canton exigèrent que, pour plus de sécurité, l'escalier détérioré fût remplacé. Ils profitèrent de l'occasion pour partager en deux par une cloison une chambre du premier étage. De la sorte Thérèse, qui, jusqu'à ce jour, avait partagé la pièce avec sa sœur, occuperait une chambrette à elle seule. Un emprunt fait chez un banquier et un secours accordé par la commune permirent à Neumann de couvrir les frais nécessités par ces travaux.

Il n'est pas moins faux — quelle campagne de calomnies ! — que la commune de Konnersreuth se propose de faire construire un grand hôtel. Oui, sans doute, la commune a fait construire, mais un simple logis en planches pour la femme chargée de procurer des logements aux visiteurs. — Les habitants de Konnersreuth sont, du reste, très complaisants et n'exploitent pas les voyageurs, qui n'ont pas plus de dépenses ici qu'ailleurs. Voici ce qu'écrit Frédéric, chevalier de Lama: «L'hospitalité des habitants de Konnersreuth est proverbiale. Nombreux sont les visiteurs et long souvent leur séjour à Konnersreuth où les attire la réputation de Thérèse. Loin d'exploiter les étrangers, ils les logent gratuitement — surtout les prêtres. Monsieur le curé Naber met son temps à leur service et cela gratuitement, avec une inlassable patience. Nombreux sont ceux qui, des journées entières, jouissent de son hospitalité sans bourse délier. Nul ne songe à profiter de la bonne occasion pour faire de bonnes affaires. » (Lama, Thérèse Neumann.) Deux feuilles hebdomadaires paraissent à Konnersreuth : Sonntagsblatt et le Journal de Konnersreuth, les deux indépendantes. Ces publications ne sont ni rédigées ni publiées par les habitants du village.

VI. Des calomniateurs ont cherché à discréditer Thérèse Neumann. Cités en justice, ils furent condamnés.

Il y eut toute une levée de boucliers contre Konnersreuth. Pourquoi ? S'il est prouvé qu'il y a là l'intervention d'une puissance supérieure, il faut bien admettre que Dieu existe, que Jésus-Christ a vécu, qu'il est mort sur la croix pour les hommes, qu'après la résurrection il continue à vivre et à agir dans l'Eglise qu'il a fondée et dont le pape, successeur de saint Pierre, est le chef visible. « Je suis avec vous jusqu'à la fin des temps. » (Saint Matthieu, XXVIII, 20). De là aussi l'embarras et la rage des incrédules et des hérétiques : en présence de faits qu'il n'est plus possible de nier, les témoins sont si nombreux que l'on cherche alors à discréditer Thérèse en la calomniant.

En 1927, la presse communiste annonça urbi et orbi « qu'en 1920, Thérèse Neumann avait fait au cours d'une foire la connaissance d'un artiste du nom de Laurent Loewenich. Huit semaines durant, elle vécut avec lui à

Marktredwitz (près Konnersreuth), pendant qu'elle était au service d'une femme nommée Gusti Fink. Abandonnée par l'artiste, elle s'était, le 7 janvier 1921, rendue à Bamberg, où elle mit au monde une enfant nommée Anna Maria Neumann, qui fut élevée chez les Ursulines de cette ville. »

Il y a un vice radical dans toute cette histoire de 1918 à 1925, Thérèse Neumann fut très malade à Konnersreuth et ne put quitter le lit. Les recherches faites dans les différents bailliages à Marktredwitz et Bamberg ont prouvé que jamais il n'y eut dans ces villes ni une dame Fink, ni un artiste du nom de Lœwenich ; que dans les registres des naissances depuis 1876 il n'y a pas trace d'un tel enfant, et de plus qu'à Bamberg il n'y avait pas de couvent d'Ursulines. Comme les rédacteurs de ces feuilles refusèrent de se rétracter, on leur intenta un procès dont voici le résultat : Le 28 janvier 1928, Jean Pilot, de Gleiwitz, rédacteur de la feuille hebdomadaire « Blick im Osten », fut condamné à Gleiwitz, à 100 Mark d'amende ou 10 jours de prison et aux frais.

Fin février 1928, Bernard Schmidt, rédacteur en chef du journal communiste la «Gazette populaire de la Bavière du Nord» fut condamné par le tribunal des échevins de Nuremberg à un mois de prison et aux frais.

Le 28 août 1928, Joseph Rademacher, rédacteur de la «Presse Libre», fut condamné par le tribunal des échevins de Krefeld à 300 Mk. d'amende.

En avril 1928, le tribunal de première instance de Dusseldorf infligea une amende de 300 Mk. à R. Schaible, rédacteur de la feuille communiste « Liberté ».

Quelques rédacteurs avouèrent devant les juges qu'ils ne pouvaient fournir les preuves de leurs accusations.

Comme depuis Pâques jusqu'au dimanche de la Trinité, c'est-à-dire pendant le temps pascal et les jours de joie de l'Eglise qui chante l'Alleluia (du 8 avril au 3 juin 1928), il n'y eut pas d'extases douloureuses, les journaux donnèrent toutes sortes de nouvelles, les unes plus fausses que les autres, par exemple: « Thérèse a recouvré la santé, vaque à ses occupations habituelles, trait les vaches, ne se souvient plus du passé, ou n'y pense qu'avec répugnance.» Dans tout cela, pas un mot de vrai. Voici ce que le curé de Konnersreuth fait savoir à l'auteur de ces contes bleus, fin juin 1928 : « Nul changement dans l'état de Thérèse Neumann. Il varie avec les périodes de l'année ecclésiastique. Pendant le temps pascal — jours de joie — plus d'extase le vendredi, d'où probablement cette affirmation erronée que l'affaire de Konnersreuth était enterrée. »

Fin juin 1928, les journaux recommencèrent leur campagne de calomnies. Ils annoncèrent qu'un impresario avait demandé au ministère de l'intérieur l'autorisation de produire sur la scène de Budapest la miraculée de Konnersreuth. Il affirmait avoir fait la connaissance de Thérèse Neumann, au cours d'un voyage, et l'avait décidée à donner deux représentations l'une à Budapest, l'autre à Vienne. Ce nouveau ballon d'essai fut vite dégonflé. Thérèse Neumann ne quitte jamais Konnersreuth, donc ses voyages n'existèrent que dans l'imagination du reporter, et elle ne reçoit que ceux qui sont autorisés par l'évêché à visiter la stigmatisée.

Evénements extraordinaires dans la vie de Thérèse Neumann.

Dans la vie de Thérèse Neumann il y a une série de faits extraordinaires qu'on ne saurait expliquer naturellement.

I. Guérison soudaine de graves maladies, ordinairement après qu'elle eut invoqué sainte Thérèse de l'Enfant-Jésus, ou, en règle générale à l'occasion d'une fête de cette sainte.

Le 29 mai 1923, jour de la béatification de sainte Thérèse de l'Enfant-Jésus, elle recouvra subitement la vue après 4 ans et un mois de cécité.

Le 3 mai 1925, sa jambe gauche déformée et suppurante fut guérie instantanément et la plaie recouverte d'une peau fine et saine, au contact de trois feuilles de roses cueillies sur la tombe de la Carmélite de Lisieux.

Le 17 mai 1925, jour de la canonisation de sainte Thérèse de l'Enfant-Jésus, Thérèse, paralysée depuis 6 ans et demi, invoqua la sainte, se leva et marcha sans aide.

Le 30 septembre 1925, jour anniversaire de la mort de sainte Thérèse de l'Enfant-Jésus, elle fut soudainement guérie d'une pérityphlite aiguë par l'application d'une relique de la sainte. Après lui avoir fait une prière, elle put soudainement se lever et marcher sans aucun secours.

Le 7 novembre 1925, elle fut subitement guérie d'une péritonite au dernier degré par l'application d'une relique de sainte Thérèse de l'Enfant-Jésus et après l'avoir priée.

Le 19 novembre 1926, après une agonie terrible, guérison instantanée d'une pneumonie, également par l'intercession de Ste Thérèse de l'Enfant-Jésus.

En présence de ces guérisons soudaines et bien constatées, ceux pour qui le mot « Miracle » est un épouvantail se trouvent dans un grand embarras. Le croyant, lui, se souvient de la parole de Ste Thérèse de l'Enfant-Jésus : « Mon bonheur au ciel sera de combler la terre de bienfaits. Après ma mort j'inonderai la terre d'une pluie de roses. »

Ce qui frappe surtout dans la guérison de toutes ces maladies, c'est le fait qu'elle fut aussi soudaine que l'apparition du mal lui-même. Il n'est donc pas téméraire de supposer que certaines maladies de Thérèse Neumann n'étaient pas dues à des causes naturelles.

Un prédicateur adventiste, dans des conférences sur Konnersreuth, cherche la cause des guérisons soudaines de Thérèse Neumann dans le jeûne, qu'il prône comme un merveilleux antidote contre la paralysie, l'appendicite et les plaies purulentes. A l'appui de sa thèse il cite le fait de soldats qui, pendant la guerre, sont restés longtemps accrochés dans les fils de fer sans aucune nourriture et furent guéris rapidement. Malheureusement le prédicateur oublie que les guérisons soudaines de Thérèse Neumann se produisirent alors qu'elle prenait encore des boissons. Le jeûne complet ne date que de Noël 1926. Que cet orateur veuille donc expliquer la soudaineté de telles guérisons dans lesquelles le jeûne n'est pour rien.

Le médecin Dr Louis Kannamuller de Passau (Journal du Danube, 23 et 24 août 1927), croit que la paralysie et la perte de la vue chez Thérèse Neumann sont de nature nerveuse et que, à la suite d'une émotion psychique — naturellement!! — l'équilibre rompu fut rétabli ; tel un homme aphone qui, à la suite d'une grande terreur soudaine, retrouve la voix ; tel un paralytique qui, à l'heure d'un grand danger, retrouve l'usage de ses membres et se sauve. Malheureusement ce médecin oublie de nous dire comment il se fait que des jambes déformées, purulentes et suppurantes, dont la chair était gâtée, pourrie, décomposée, deviennent subitement droites et se couvrent — subitement aussi — d'une peau saine.

II. Thérèse, chaque vendredi, pendant qu'elle médite la passion du Sauveur, répand des larmes de sang douze heures consécutives.

Pendant le carême de 1926, les yeux de Thérèse Neumann pleurèrent les premières larmes de sang.

Vers minuit, du jeudi au vendredi, elle commence à méditer la passion du Sauveur, depuis les angoisses au jardin des Oliviers jusqu'à la mort. Or, des gouttes de sang ne tardent pas à perler de ses yeux, à rougir ses joues et à couler lentement. Le vendredi matin, on remarque ordinairement six à sept filets de sang. Dans la matinée, les pleurs augmentent et des yeux sourdent de vraies traînées de sang, atteignant la gorge où elles forment une large tache rouge. Ce sang ne tarde pas à se coaguler.

Quand se termine l'extase de la Passion, vers une heure de l'après-midi, les yeux sont couverts de sang et restent tout le vendredi après-midi recouverts d'une épaisse croûte de sang. Ce n'est que le samedi matin que les parents de Thérèse effacent les traces du sang.

Le Sauveur lui aussi, au jardin des Oliviers, eut une sueur de sang. En son extase, Thérèse Neumann voit qu'à la seconde prière de Jésus au jardin des Oliviers, parurent d'abord sur sa face divine des gouttelettes rouges, puis une vraie coulée de sang.

De toutes les stigmatisées, et on en compte environ 330, Thérèse est la première qui verse des larmes de sang.

Pendant l'extase sanglante du vendredi, sa mère vient de temps en temps voir si le sang n'envahit pas la bouche de sa fille, cause de vomissements accompagnés de commotions corporelles.

Pendant tout le reste de la semaine, rien d'extraordinaire ne se fait remarquer dans les yeux de Thérèse, dans ces yeux d'un gris bleuâtre aux sourcils noirs.

Frédéric, chevalier de Lama, dans son livre « Thérèse Neumann », remarque fort judicieusement que les larmes de sang de Thérèse Neumann ont une signification allégorique ; c'est un terrible avertissement donné aux contemporains qui ignorent et même haïssent Dieu.

Quelques journaux ont fait remarquer dédaigneusement que Thérèse Neumann a trouvé en Paul Diebel un concurrent, qui, lui aussi, peut verser des larmes de sang. Oui assurément, mais avec cette différence que ces larmes sont artificielles. De plus, quel maigre résultat que ces quelques gouttelettes de sang en comparaison de l'abondante hémorragie, — d'une durée de 12 heures, — de Thérèse Neumann pendant sa passion mystique.

III. Thérèse Neumann porte les traces des plaies du Sauveur: la plaie du côté produite par la lance, les plaies des clous aux mains et aux pieds, les blessures de la couronne d'épines, les plaies de l'épaule droite et celles de la flagellation.

On désigne habituellement ces plaies sous le nom de stigmates, du mot grec «stigma», c'est-à-dire piqûre ou blessure. Dans la terminologie médicale, ce mot sert aussi à désigner des taches rouges sur la peau occasionnées par des piqûres d'insectes. Il est donc préférable de réserver le mot de plaies pour celles de Jésus-Christ. Le mot «stigma» se trouve dans l'Epître de saint Paul aux Galates, VI, 17. L'Apôtre dit « qu'il porte les stigmates du Christ sur son corps ». On croit en général que saint Paul portait les plaies du Christ invisibles et n'en ressentait que les douleurs. Saint François d'Assise, fondateur de l'Ordre des Franciscains († 1226), fut le premier stigmatisé dans toute la force du terme. Il reçut cette douloureuse faveur le 17 septembre 1224, pendant qu'il passait la nuit à prier sur le mont Alverne. (Pour plus complète information, voir Spirago, Recueil d'exemples.) Il y a eu depuis un nombre considérable de stigmatisés. Le Dr A. Imbert-Gourbeyre, médecin français, dans son livre « La Stigmatisation » (1898, Paris et Clermont-Ferrand), en cite 321, parmi lesquels 62 bienheureux ou canonisés. C'étaient tous des catholiques enflammés d'amour pour Jésus crucifié et qui s'offraient à Dieu en victimes pour les péchés de leurs semblables. Parmi eux il y en avait dont la santé ne laissait rien à désirer, d'autres étaient malades. Nombreux étaient ceux d'entre eux, dont les plaies étaient apparentes et saignaient d'habitude le vendredi. Chez plusieurs ces stigmates étaient passagers. Dieu les en délivrait à leur demande. Il donne cette faveur à certaines âmes d'élite pour rappeler aux hommes combien le Fils de Dieu a souffert pour eux. Lorsque la bienheureuse Marie de Jésus crucifié, du Carmel de Pau, sur l'ordre de la maîtresse des novices, supplia Dieu de lui enlever les stigmates, ils disparurent, mais pendant 9 mois seulement. Plus tard, en 1876, comme la religieuse, au cours d'une extase, demanda au Sauveur de la priver de cette faveur, elle reçut cette réponse : « Aux autres les roses, pour toi les épines », c'est-à-dire, tes stigmates te sont accordés pour le salut du prochain, les douleurs sont ta sanctification personnelle.

Les stigmates ne suppurent pas et résistent à tout traitement médical. (Voir Spirago: Catherine Emmerich.)

Voici la genèse des stigmates de Thérèse Neumann :

C'était pendant la troisième semaine du carême de 1926. Une nuit, elle eut une vision, elle contempla le Sauveur souffrant au jardin des Oliviers. Soudain, sur son côté gauche, au-dessus du cœur, parut une plaie, — le coup de lance, — une incision longue de trois centimètres et demi et large d'un centimètre, d'après la déclaration des médecins. La plaie qui saignait abondamment se couvrit le lendemain d'une mince croûte rouge; elle se développa en profondeur, au point que Thérèse pensait qu'elle serait visible sur le dos. Voici ce qu'elle dit elle-même de l'origine de la plaie du côté : « C'était un jeudi de carême, j'étais tranquillement couchée dans mon lit, soudain je vis le Sauveur devant moi, je le vis aussi au jardin des Oliviers. Pendant cette vision, je reçus comme un coup de lance, si terrible que je crus en mourir. Puis je sentis quelque chose de chaud couler le long du flanc. C'était du sang qui suinta sans cesse jusqu'à l'heure de midi du lendemain — un vendredi. Puis toute la semaine fut calme. » (Angerer. Les phénomènes de Konnersreuth.) Elle réussit à cacher la plaie du côté jusqu'au Vendredi-Saint. Ce jour-là, le sang coula en telle abondance pendant l'extase de la passion, que la toile placée sur le côté ne put plus l'absorber et que la chemise de nuit blanche en fut imbibée, ce qui attira l'attention des siens.

Ce même jour, Vendredi-Saint 1926, pendant qu'elle voyait la passion du Sauveur attaché à la Croix, parurent aux mains et aux pieds, aux endroits correspondant aux clous du Christ, des plaies ouvertes, circulaires, comme tracées au compas. La plaie de la main droite était en tous points semblable à celle de la main gauche, ce qui exclut toute possibilité de fraude, comme le fit constater le Dr Edouard Aigner, de Fribourg-en-Brisgau, le bien connu adversaire de Lourdes, qui en 1928 avait été appelé comme expert au tribunal d'Erfurt. Ses plaies déjà de la grandeur d'une cerise ne parurent ni dans la paume des mains, ni à la plante des pieds. Après le Vendredi-Saint, elles restèrent ouvertes pendant 15 jours ; le 17 avril enfin une peau mince, fine, transparente et saine les recouvrit. Le Vendredi-Saint 1927, les plaies de la grandeur d'un pois s'étendaient jusqu'à la paume des mains et à la plante des pieds. Thérèse ignorait cette extension des plaies, car elle se plaignait qu'on lui eût versé de l'eau dans le creux de la main.

Il lui était impossible de voir ce qui s'était passé, car le sang figé sur les yeux avait collé les paupières et aveuglait la stigmatisée. Ses parents examinèrent le phénomène et virent du sang aux mains et aux pieds de Thérèse ; elle-même n'eut connaissance de ces faits que le samedi, quand on lui eut lavé les yeux et qu'on les eut débarrassés du sang qui l'aveuglait. Ce même samedi, les plaies se couvrirent d'une sombre croûte de sang coagulé : on les aurait crues fermées d'un sceau de cire. Elles se présentaient, semblables à des roses, sur l'ivoire mat des mains. Le jeudi soir l'escarre est moins épaisse, et les plaies moins douloureuses ; le vendredi le sang recommence à couler. Les plaies aux mains et aux pieds sont toujours douloureuses, comme s'il y avait au milieu quelque corps étranger, d'où grande difficulté à marcher. La stigmatisée s'appuie donc pour la marche sur le talon ou le côté du pied. Un jour que dans la rue elle posa le pied sur une pierre la douleur fut telle qu'elle s'évanouit. De plus, les plaies des mains ne lui permettent guère de se servir d'une canne. Ces plaies des mains et des pieds ne suppurent jamais, à l'encontre des autres plaies ouvertes accidentellement. Un médecin voulut examiner une plaie des mains et enleva la croûte de sang coagulé. La douleur fut telle, qu'elle faillit tomber en syncope.

Elle ne saurait dire quand et comment les plaies se formèrent aux pieds et aux mains, le Vendredi-Saint 1926. Pendant qu'elle méditait la passion du Sauveur elle ne se doutait même pas que quelque chose d'extraordinaire se passait en elle. Voici ce qu'elle raconte :

«Lorsque le Vendredi-Saint 1926, je revins à moi, je sentis le sang couler à mes mains et à mes pieds. Mais je ne pouvais voir le phénomène de plus près, parce que le sang avait inondé mes yeux et m'aveuglait. Le soir seulement je dis à ma sœur : « Viens donc voir ce qui se passe à mes mains et à mes pieds qui me font tant souffrir. » Ma sœur pansa mes plaies et n'en parla pas à mes parents pour ne pas leur donner d'inutiles inquiétudes. Mes parents toutefois virent de quoi il s'agissait, lorsque le Samedi-Saint ils me couchèrent dans un autre lit, (le vendredi ils n'eurent pas le courage de me toucher tant je souffrais). Alors ils aperçurent les plaies aux mains. Ils en avertirent le curé et lui demandèrent ce qu'il en pensait. Il se rendit aussitôt près de moi, en compagnie de mes parents, et comme on l'avait informé que je n'aimais pas voir mon secret trahi, il me dit : « Permets-moi seulement, en esprit d'obéissance, de voir les plaies de tes mains et de tes pieds. » Il en fut fait ainsi. Quand le prêtre vit les plaies, grande fut sa surprise, et à l'exemple de mes parents, il resta tout interdit. » (Angerer.)

Les plaies à la tête apparurent le vendredi 5 novembre 1926. Vers 8 heures du matin elle vit la couronne d'épines du Sauveur et sentit aussitôt une violente douleur de tête, où trois plaies se formèrent ; plus tard il y en eut huit. Ces plaies n'étaient pas au front, mais sous les cheveux et affectaient la forme d'une couronne. Elles saignèrent. Sur l'oreiller blanc apparurent huit taches de sang qui ressemblèrent à des roses épanouies. Chaque vendredi au moment où Thérèse vit les bourreaux placer la couronne d'épines sur la tête du Sauveur, les huit plaies de la tête s'ouvrirent et le sang tacha l'oreiller.

La blessure de l'épaule parut le 8 mars 1929 pendant le carême ; les plaies de la flagellation commencèrent le Vendredi-Saint 1929.

A partir de l'Ascension 1926, le sang ne coula plus simultanément de toutes les plaies. Pendant l'extase du vendredi, il ne coula que des yeux et de la tête ; quant aux plaies des pieds et des mains, elles rosirent seulement et mollirent. Pourtant pendant tout le carême le sang coule aussi des plaies aux mains et aux pieds. Au premier vendredi de chaque mois, elle voit pendant son extase, un soldat percer le côté du Sauveur et à l'instant la plaie du côté de la stigmatisée rend du sang.

Voici un événement remarquable. C'était au jour de la Pentecôte 1927. Thérèse se tenait derrière le maître-autel, sa place habituelle pendant les offices, pour se dérober à la curiosité du public. Assise dans un fauteuil recouvert d'une housse rouge, elle tomba en une extase de longue durée. L'instituteur de Konnersreuth, Mr Boehm, profita de l'occasion pour la photographier. Sur l'épreuve on vit la plaie de la main gauche briller comme un petit soleil à travers la mitaine qu'elle portait pour cacher le stigmate ; elle était invisible sur la main droite dont le bord seul paraissait sur la plaque.

Quelques-uns prétendent que les stigmates sont d'origine diabolique. Cela est inadmissible, car la stigmatisée se soumet en tout à l'autorité ecclésiastique et n'a d'autre volonté que celle de Dieu.

Or, l'Eglise considère la faveur de la stigmatisation comme une des plus grandes que le Saint-Esprit accorde aux hommes. N'a-t-elle pas institué le 17 septembre une fête spéciale en souvenir des stigmates de saint François d'Assise, une autre le 1er avril en l'honneur de ceux de sainte Catherine de Sienne pour tout l'Ordre des Dominicains, et le 27 août pour les Carmélites une solennité pour commémorer la transverbération du cœur de sainte Thérèse.

L'Eglise dans sa liturgie célèbre le don des stigmates comme un des plus grands. Ne l'appelle-t-elle pas « superna charismata » dans l'office de sainte Catherine de Ricci et dans celui du bienheureux franciscain Charles de Sesse, (6 janvier). Il appert clairement de là que l'Eglise considère la faveur de la stigmatisation comme un don spécial du Saint-Esprit.

Pour terminer ce chapitre, une simple question : Comment est-il possible, que, chaque semaine, le sang puisse couler du corps d'une personne, qui, depuis des années, ne prend aucune nourriture ? Aux libres penseurs de nous donner l'explication de ce fait étrange, eux qui ne voient en cela qu'un phénomène naturel.

IV. Thérèse Neumann voit dans la vie de Jésus, de Marie et de quelques Saints des événements comme si elle en avait été un témoin contemporain.

Elle assiste à ces événements comme un témoin oculaire. « S'il m'avait été donné, dit-elle, il y a 2000 ans d'être témoin de tous ces faits, je n'aurais pas pu les voir plus clairement. »

Non seulement elle voit tout ce qui s'est passé, mais elle entend tout ce qui s'est dit. Elle entend, par exemple, le Sauveur s'entretenir avec ses apôtres dans la langue de la Palestine. Elle entend le bruit douloureux, le grincement strident des chaînes auxquelles était attachée la croix que les deux larrons traînaient au Calvaire. Elle entend les deux soldats romains, en tête du cortège, qui sonnent de la trompette, et sonnent faux. Elle souffre même de la chaleur, quand le cortège quitte les rues ombreuses de Jérusalem, et se plaint des rayons brûlants du soleil. Elle voit déjà, étant en esprit à Jérusalem, la mort de Jésus à midi 55 minutes, heure qui correspond à celle de la mort du Christ, c'est-à-dire 2 h. 45.

Sa première vision remonte au carême 1926, dans la nuit du vendredi au samedi, pendant qu'elle voyait la passion du Sauveur au jardin des Oliviers. Les jeudis suivants, de nouveau dans la nuit du jeudi au vendredi.

Maison où est née et demeure Thérèse NEUMANN

de la brochure du Dr Franzmathes de Konnersreuth.

elle vit la passion du Sauveur, dans l'ordre des cinq mystères douloureux du rosaire : l'agonie au jardin des Oliviers, la flagellation, le couronnement d'épines, le portement de croix et le crucifiement. A partir du Vendredi-Saint 1926, elle eut régulièrement chaque semaine du jeudi avant minuit jusqu'au vendredi à 1 h. à l'exception des jours de fêtes la vision de toute la passion du Sauveur, du jardin des Oliviers au Calvaire. Pendant cette extase, elle endure d'indescriptibles souffrances physiques et morales. Le jour de la fête du Sacré-Cœur, quelquefois le premier vendredi du mois, elle voit les bourreaux percer le flanc du Christ. Pendant l'extase du Vendredi-Saint 1927 elle fut témoin de la passion du Sauveur après la Cène.

Mais elle a aussi des visions d'événements joyeux : des scènes de la vie de Jésus, de Marie et de quelques saints qui ne la font pas souffrir. Elle assiste habituellement, pendant les jours de fêtes ecclésiastiques, à l'événement historique qui les explique. C'est ainsi qu'elle vit l'Annonciation de la naissance du

Christ par l'archange Gabriel (le vendredi 25 mars 1927) ; la Nativité à Noël 1926 et entendit à cette occasion chanter les anges en langue araméenne; la Transfiguration sur le Thabor le 6 août 1926 et le 6 août 1927 ; la Résurrection et les saintes femmes se rendre au tombeau qu'elles trouvèrent vide le matin du dimanche de Pâques 1927 ; l'Apparition du Sauveur ressuscité pendant la semaine de Pâques 1928; la venue du Saint-Esprit pour la Pentecôte et le lundi de Pentecôte; en 1927, elle entendit saint Pierre prêcher en langue allemande. Ne lit-on pas dans les Actes des Apôtres « chacun les entendit dans sa langue. » Le lundi de Pentecôte 1927, elle vit saint Pierre dans la salle de la Cène, à la fraction du pain pendant la communion des Apôtres. Elle comprit le discours araméen de saint Pierre devant le Grand Conseil, après la guérison du paralytique. Le 1er août, elle vit saint Pierre sortir de prison. Le 15 août, elle assista à la mort, à la résurrection et à l'Assomption de la sainte Vierge. Au jour de l'Invention de la sainte Croix, elle assista à la scène du Calvaire. Le 10 août, fête de saint Laurent, patron de Konnersreuth, elle fut témoin de son martyre et entendit les paroles latines qu'il prononça. A la mi-septembre 1927 elle fut témoin de la stigmatisation de saint François d'Assise.

De bonne heure, le matin de la Toussaint, en 1927, il lui fut donné de jeter un coup d'œil dans le ciel. Elle aperçut le Sauveur dans sa gloire, avec sa mère à sa droite. Devant eux le chœur des anges, derrière eux les saints de l'Ancien Testament ; elle y reconnut Moïse qu'elle avait vu sur le Thabor. Derrière eux les Apôtres et d'innombrables légions d'anges et de saints. Jésus et Marie avaient des corps glorieux ; d'autres ne parurent que sous des formes immatérielles. Une seconde vision lui montra les vierges et tous ceux qui avaient une âme virginale : il y en eut de toutes les classes de la société, de ce nombre sainte Thérèse de l'Enfant-Jésus. Dans un troisième tableau elle contempla toute l'armée des saints.

Le jour des Morts, en 1927, pendant l'office, elle tomba en extase et vit les âmes du purgatoire, c'étaient des esprits, qui ne portaient pas encore le vêtement immaculé des saints. Il lui semblait que des ombres flottaient autour de ces formes immatérielles et interceptaient la lumière. Elle reconnut que ces âmes, à cause de leurs fautes non expiées, ne faisaient pas encore partie du chœur des esprits bienheureux. Elles souffraient comme de nostalgie du ciel.

Vision de l'Annonciation. — Voici ce qu'elle vit le 25 mars 1927. Dans une chambre à une seule croisée et aux murs nus, sur un grand coussin rond et rembourré étendu sur la terre, était agenouillée une jeune fille, les bras croisés. Vêtue d'un habit bleu, pas bleu de ciel, serré au corps et retenu par une ceinture, elle était absorbée par la lecture d'un rouleau de parchemin. Soudain, devant elle se montra une apparition lumineuse de grande beauté. Les deux personnages s'entretinrent, mais en une langue que Thérèse ne comprit pas. La jeune fille parlait peu, les bras étendus. L'ange parlait beaucoup. Cette jeune fille ressemblait à la mère de Dieu qu'elle avait vue au pied de la croix mais était beaucoup plus jeune qu'elle.

Vision de la Naissance du Christ. — Elle aperçut sur une nuée blanche lumineuse un petit enfant vêtu d'une chemise. En même temps elle entendit des chants et une suave musique. Les yeux de l'enfant étaient d'un bleu foncé, ses cheveux blonds, ses joues roses. Il lui sourit et lui tendit ses petits bras. (Noël 1926, pendant la messe de minuit).

Vision de la Transfiguration. — Elle vit le Sauveur sur le plateau d'une montagne vêtu d'un habit rouge-brun avec un manteau sur les épaules. Il était debout et priait. Près de lui trois hommes dormaient. Le soleil se couchait. Soudain elle vit le Maître planer environ à un demi-mètre au-dessus du sol. En ce moment son vêtement était d'un blanc éclatant. Sa figure rayonnait, mais d'une lumière si douce qu'elle n'éblouissait pas. Sous ses pieds une épaisse nuée. Le Sauveur avait les yeux levés au ciel. A sa droite, sur un autre nuage se tenait un homme avec une assez longue barbe. Son vêtement ressemblait à un manteau à plis. A sa gauche Thérèse vit un second personnage dont l'habit était serré au corps par une ceinture et portait un manteau. Ces deux hommes conversèrent avec le Sauveur. Pendant ce temps les trois personnes s'étant réveillées parlèrent un instant. Celui qui avait dormi à la droite du Maître, et qui semblait être l'aîné des trois, parlait plus que les autres (Saint Pierre). A sa gauche était assis celui qui s'était tenu sous la Croix du Sauveur. Il n'avait pas de barbe (Saint Jean). Sur le devant se voyait un troisième, plus âgé que le second (Saint Jacques).

Soudain les trois apôtres, comme pris de terreur, tombèrent la face contre terre. Une grosse nuée parut et on entendit une forte voix claire et ferme. La voyante ne comprit pas ce qui fut dit. Alors le Sauveur se montra comme au début de l'apparition, rejoignit les trois qui furent avec lui dès le début, les plaça à sa droite, leur adressa quelques paroles et tous disparurent. La lumière qui rayonnait autour du Maître pendant cette tranfiguration était plus radieuse que celle qui avait lui au cours des apparitions précédentes.

Vision de la Flagellation et du Couronnement d'épines. — Le Sauveur était là, dépouillé de ses vêtements, attaché à une assez haute colonne, le corps fortement tendu, les pieds touchant encore terre. Deux bourreaux le flagellèrent inhumainement, de dos d'abord, puis l'ayant retourné, de face. Deux fois les bourreaux se remplacèrent, de sorte qu'il fut flagellé par six hommes. Sous les coups la peau se gonfla, puis se distendit, finit par éclater et le sang coula. Quand tout le corps ne fut plus qu'une plaie sanglante, tout méconnaissable, les bourreaux détachèrent le Sauveur qui s'écroula. Après la flagellation, les mêmes hommes qui l'avaient fait prisonnier le menèrent sous un portique d'où l'on pouvait voir le ciel. Le Seigneur était revêtu d'un manteau rouge, sans manches. On le fit asseoir sur une pierre taillée, dressée contre le mur. Puis, on apporta la couronne d'épines, qui ressemblait plus à un chapeau qu'à une couronne. Avec un long bâton, on enfonça la couronne d'épines sur la tête, et le sang inonda toute la figure du Sauveur. Alors ils lui mirent un roseau dans la main droite, fléchirent ironiquement les genoux devant lui, lui crachèrent au visage et se jouèrent de son impuissance. Le Sauveur de temps en temps ouvrait la bouche comme un homme très altéré. Les bourreaux lui crachèrent dans la bouche. L'homme de douleur souffrit tout cela sans se plaindre et de temps en temps leva les yeux vers le ciel.

Vision de la découverte de la Croix. — Les Juifs après avoir sur le Calvaire renversé les trois croix, scièrent la tige principale en deux morceaux, de sorte que la croix fourchée du Sauveur fut partagée en quatre pièces, puis, ils enterrèrent le tout dans une fosse profonde, sur laquelle on éleva plus tard à Vénus, un temple qui finit par tomber en ruines. Vint alors une grande dame, avec une nombreuse et brillante escorte, qui ordonna des fouilles. La croix du larron qui avait été crucifié à la gauche de Jésus était pourrie. Les deux autres étaient encore bien conservées. Celle du Sauveur était en bois plus dur, et les pièces s'adaptaient parfaitement. On amena trois malades, un homme et deux femmes dont l'une était aveugle. Mis en contact avec la croix, les trois furent instantanément guéris. On possède encore trois morceaux de la vraie croix. Au jugement dernier la croix sera reconstituée et paraîtra au ciel toute rayonnante, surtout à l'endroit des clous.

La voyante vit tant de fois les lieux célèbres de la Terre Sainte et elle les décrivit avec une telle précision que les plus grands connaisseurs de la Palestine en furent grandement étonnés. A Jérusalem, Thérèse, de son propre aveu, est en pays de connaissance et s'y oriente aussi facilement qu'à Konnersreuth.

Chose digne de remarque : dans ces visions de Thérèse, quelques dates et quelques circonstances, dont il n'est pas fait mention dans les Evangiles, concordent avec celles d'une autre voyante : Catherine Emmerich. Ce n'est sans doute qu'une simple coïncidence, dont on ne saurait tirer aucune conclusion en faveur de la réalité des visions de Thérèse Neumann. Par exemple, le Sauveur porta sur ses épaules du bois de haute futaie, trois troncs d'arbres non équarris qu'on assembla rapidement avant le crucifiement. Catherine Emmerich vit trois esclaves jeter le bois aux pieds de Jésus ; les deux bras plus minces, qui devaient être emboîtés, étaient attachés au tronc large et lourd dont on chargea les épaules du Sauveur. Il ressemblait à Isaac qui portait lui aussi, sur la montagne le bois de son sacrifice. La Croix du Christ n'était donc pas formée de deux, mais de trois poutres, avait la forme d'une fourche et n'était pas rectangulaire. Elle ressemblait à un ypsilon ou i grec : Y. Catherine Emmerich a dit la même chose. La croix n'était pas très haute : les pieds du Sauveur n'étaient qu'à environ trente centimètres de terre. Catherine Emmerich affirme que lorsque la croix fut dans la fosse, les amis de Jésus pouvaient baiser, embrasser ses pieds. Thérèse Neumann dit que la barbe et les cheveux du Sauveur étaient plus longs que ceux que nous montrent les images actuelles. Notez bien que Thérèse Neumann ne savait rien de Catherine Emmerich, n'avait jamais lu sa vie et ignorait même son nom.

Des erreurs de peu d'importance peuvent se glisser dans les visions, car les visionnaires ne sont pas infaillibles. Cela pourtant n'enlève rien à leur valeur. Est-ce que deux ou trois pommes gâtées dans un panier déprécient les autres ? (Voir Spirago. Catéchisme populaire.)

D'autres, pour ne pas se rendre à l'évidence, expliquent ces visions par la télépathie c'est-à-dire par transmission de la pensée, par suggestion, ou par des vibrations de la matière célébrale, de cerveau à cerveau. Cette explication est boiteuse et mal assise.

En fait de télépathie, dans le sens chrétien, il n'y en a qu'une qui consiste en ceci : l'Esprit de Dieu, donc le Saint-Esprit et les bons et les mauvais anges peuvent influencer notre esprit. Catherine Emmerich vit toujours près d'elle un tel ange, sous le costume d'un prêtre.

Ces visions de Thérèse Neumann nous donnent pourtant une utile leçon : à savoir que Dieu peut, à tout moment, reproduire très exactement tout ce qui s'est passé dans l'univers. Toutes nos actions sont, si j'ose dire, filmées. Nous les verrons se dérouler au jugement particulier, et au jugement dernier tous les hommes en seront témoins, « car il n'y a rien de secret qui ne doive être découvert, et rien de caché qui ne doive être connu ». (Saint Luc, VIII, 17). « Ce que vous aurez dit dans les ténèbres se publiera dans la lumière ; et ce que vous aurez confié à l'oreille dans une chambre sera proclamé sur les toits. » (Saint Luc, XII, 3).

V. Les extases fréquentes de Thérèse Neumann.

L'extase est un ravissement de l'âme qui se trouve comme transportée hors du corps. L'Esprit de Dieu s'empare subitement de l'homme, en cet état il oublie tout ce qui se passe autour de lui et est plongé tout en

Dieu. L'homme en extase est rigide comme une statue, sa sensibilité est suspendue ; il est comme absent pour son entourage. Nul bruit si éclatant soit-il, nulle secousse ne sauraient le tirer de son extase. Seul l'ordre des supérieurs, surtout celui du confesseur, donné en esprit, en paroles ou par écrit, même en une langue inconnue peut mettre fin à l'extase. A en croire des médecins, l'extase est un phénomène pathologique, une maladie du système nerveux ; bien, mais qu'ils nous expliquent pourquoi l'extatique obéit à son confesseur, et qu'ils nous disent la cause du lien étroit entre l'extase les jours de fêtes de l'église et les offices religieux. Comment expliquer que l'extatique de longs mois après l'extase se souvienne encore de tous les détails ? N'est-il pas clair que dans l'espèce il faut attribuer le phénomène non à la maladie mais à une cause supérieure, à l'esprit de Dieu ; est-ce surprenant, étrange que chez l'extatique et les personnes hypnotisées il y ait des phénomènes communs ? L'hypnotisé, lui aussi, est raide, immobile, insensible ; il obéit à l'hypnotiseur comme un esclave à son maître. Pourtant il y a une différence capitale entre les deux. Toute activité intellectuelle cesse chez l'hypnotisé ; chez l'extatique ce n'est pas le cas. La personne sortie de l'état d'hypnose ne sait plus dans la suite ce qui s'est passé, tandis que l'extatique garde fidèlement le souvenir des événements antérieurs. Thérèse Neumann entre en extase chaque jeudi avant minuit, à l'exception des jours de fêtes qui sont des jours d'allégresse. Cet état, avec de nombreuses interruptions, dure jusqu'au vendredi à une heure de l'après-midi. Pendant ces extases elle contemple la passion du Sauveur depuis le jardin des Oliviers jusqu'à la mort sur la Croix, absolument comme la religieuse dominicaine italienne, Catherine de Ricci († 1589) au couvent de Prato (Toscane), qui, pendant 12 ans eut les mêmes visions de la Passion. L'extase commence subitement, parfois pendant une conversation dans laquelle on engageait Thérèse Neumann avec l'intention de l'embrouiller, même parfois au milieu d'un mot. Soudain le Sauveur au mont des Oliviers paraît comme un éclair. A cet instant elle se sent enlevée, entraînée, attirée et déjà elle contemple et tend les bras.

VI. Thérèse Neumann, chaque vendredi, vers une heure de l'après-midi, quand elle a médité la passion du Sauveur, ressemble à un cadavre ; le samedi elle est de nouveau en aussi bon état de santé que le jeudi précédent.

Fr. de Lama dans son livre sur Thérèse Neumann écrit : « Celui qui a vu la malade chaque vendredi à une heure, après la mort mystique et qui a regardé, dans sa pâleur et dans sa rigidité cadavériques, ce corps ensanglanté, épuisé de douleurs, se dit : il lui faudra des semaines et des mois pour reprendre ses forces et se lever. » Ici se pose une question : Comment une guérison si rapide est-elle possible ? Cela ne peut s'expliquer d'une façon naturelle.

Voici ce qui se passe pendant la douloureuse extase. Chaque vendredi, malgré les deux mille ans qui la séparent du drame du Golgotha, elle suit le Sauveur sur sa voie douloureuse, depuis le jardin des Oliviers jusqu'au Calvaire. Cette Passion, elle la voit comme un témoin oculaire, qui entend aussi tout ce qui est dit en araméen, langue que parlaient les contemporains du Christ en Palestine. Elle est ravie en esprit et ne voit rien de ce qui se passe autour d'elle. Elle prend part à la Passion. Elle s'indigne de la brutalité des bourreaux. C'est ainsi qu'elle serre le poing quand elle voit l'un d'eux, d'un coup de pied, lancer au loin l'habit dont Jésus cherche à se revêtir, après la flagellation. Un quart d'heure plus tard elle s'écrie : Ah le misérable ! avec quelle satisfaction je l'aurais battu ! Elle reproche aussi à Simon le Cyrénéen son peu d'ardeur à aider le Sauveur. Au larron, à gauche de la croix, qui se lamente, elle dit : « On ne crie pas de la sorte à côté du Sauveur. » Elle l'eût volontiers châtié. Elle sent les douleurs du Sauveur, les coups de fouet, les épines de la couronne, les clous des mains et des pieds. Tout dans sa personne montre qu'elle souffre avec le Sauveur. A la vue de Jésus flagellé, elle porte toujours ses mains sur le dos et sur les épaules comme si elle ressent une vive douleur. Au couronnement d'épines elle fait le geste de vouloir tirer les épines de sa tête. Au moment où l'on cloue Jésus à la croix, les pieds de Thérèse se contractent convulsivement ; on peut compter les coups de marteau. Quand elle voit le Christ crucifié, elle étend ses bras en croix presque verticalement ; parfois ses mains se contractent convulsivement, et douloureusement puis elle les ouvre de nouveau. Ensuite elle remue la langue comme une personne qui meurt de soif. Sa poitrine s'élève et s'abaisse. Parfois elle a une pose qui n'a plus rien de naturel : elle n'est ni assise ni couchée, en contradiction avec la loi de la pesanteur, position impossible à prendre et à garder en dehors de l'extase. A une heure moins cinq, (midi chez nous, 2 h. 45 à Jérusalem, heure où Jésus expira), le corps de Thérèse se redresse, la figure est presque gris-bleu : la bouche se contracte ; puis quelques convulsions encore, et elle s'écroule comme inanimée sur sa couche. La tête retombe sur l'épaule et l'on pense involontairement à la parole de l'Ecriture : « Il inclina sa tête et mourut. » A la fin de cette extase Thérèse épuisée dort d'un profond sommeil. Samedi matin elle fait disparaître les traces de sang.

L'extase commence ordinairement le jeudi peu avant minuit, elle est souvent interrompue pour reprendre après quelques instants ; elle se produit subitement même si elle cause avec quelqu'un. Pendant les intervalles de 10 à 15 minutes elle revient à elle suffisamment pour raconter ce qu'elle a vu. Parfois elle a 15 extases d'une durée de 5 à 12 minutes, seule l'extase produite par la crucifixion dure cinq quarts d'heure ininterrompue. Vendredi à 1 heure tout est terminé.

La première de ces extases de la Passion se produisit le Vendredi-Saint 1926. Ce jour-là, le curé de la paroisse vint la visiter dans l'après-midi et la vit dans d'indicibles souffrances. Le sang couvrait et fermait les yeux de l'extatique ; deux traînées de sang coulaient sur ses joues. Elle souffrit toute la passion du Sauveur depuis la sueur de sang au jardin des Oliviers jusqu'à la mort du Christ. Depuis ce jour les extases de la Passion revinrent chaque vendredi. Le professeur Dr A. Naeglé, de l'université de Prague, assista le 9, VII, 1927 à l'une de ces extases et la raconte ainsi dans la presse : « Pendant cinq quarts d'heure le corps de Thérèse n'eut pas une seconde de repos. Toute sa personne, surtout les mains et les pieds, était continuellement agitée ; d'atroces souffrances se reflétaient sur ses traits comme si la douleur la tordait. On avait l'impression qu'elle suivait la passion du Christ et que dans son esprit et son corps elle souffrait avec le Sauveur. »

Pendant l'extase elle ne voit, ne sent rien de ce qui se passe autour d'elle, et ne répond à aucune des questions qu'on lui pose. On a beau la secouer, rien n'y fait ; il faut attendre qu'elle reprenne ses sens : alors elle répond à toutes les questions, mais comme un enfant qui n'est pas encore maître de sa langue. Elle garde dans sa mémoire longtemps et avec une grande précision tout ce qu'elle a vu.

Certain vendredi plusieurs milliers de personnes défilent devant son lit ; vers midi, heure du crucifiement, les prêtres seuls sont admis à la voir. On s'en tient au mot d'ordre du curé de la paroisse : « Laissez faire. Soyons les instruments de Dieu s'il veut se servir de nous. » L'archiprêtre Geiger de Bamberg nous dit: «C'est uniquement pour le bien des âmes que Thérèse supporte les souffrances physiques et morales d'une personne qui n'aime pas être l'objet de la curiosité publique, et c'est dans ce but aussi que sa famille et son curé sacrifient leur tranquillité. Ils ne veulent pas assumer la responsabilité de mettre obstacle au bien des âmes. » (Bulletin paroissial, Munich 1927). Tous les spectateurs de cette extase de la Passion, même s'ils ne sont restés que quelques minutes, en emportent la plus réconfortante impression. Ils quittent la chambre de Thérèse, sérieux et graves.

M. A. Bruns, protestant, directeur d'école à Berlin, qui, le 29 juillet 1927, avec une société de Franzensbad, avait été témoin de l'une de ses extases, écrit ceci : « Nous vîmes les différents groupes revenir l'un après l'autre de la chambre de l'extatique. Nul ne niait, pas de rires, personne ne songeait à plaisanter. Ils quittèrent tous la maison, sans mot dire. Chacun se frayait un passage à travers les rangs serrés de la foule, sans répondre aux questions faites ; chacun aurait voulu être seul. » (Revue Scolaire, 11, IX, 1927). Le Dr Alois Mager, professeur à la faculté de théologie de Salzbourg écrit : « Les événements de Konnersreuth méritent l'estime et le respect. Seul un homme incapable d'un sentiment noble, peut en rire et faire de viles insinuations. » (Chronique de Salzbourg, 15 et 16 nov. 1927).

Le 29 octobre 1927, l'évêché de Ratisbonne exprima le désir qu'on mît fin à ces visites. En conséquence, depuis le 4 novembre 1927, nul n'est plus admis à voir Thérèse sans une autorisation écrite de l'évêché.

Cette défense fut faite d'abord dans l'intérêt même de l'Eglise. Nombreux, en effet, étaient les étrangers qui bien que ne comprenant rien aux faits mystiques, venaient cependant dans l'intention de critiquer et envoyaient ensuite aux journaux des comptes rendus erronés. D'autre part on a condamné la porte de Thérèse par un sentiment de pitié pour la stigmatisée que les nombreuses questions posées par les milliers de visiteurs auraient rapidement épuisée. Mais Thérèse, même après cette défense de visites en masse unit chaque vendredi les souffrances de sa passion à celles du Christ. Ce supplice ne cesse que les vendredis où l'Eglise célèbre une grande fête. En particulier les vendredis des temps de Noël et de Pâques, jusqu'au vendredi qui suit le dimanche de la Trinité. Celui dans l'Octave de l'Immaculée Conception, Thérèse est ordinairement calme. En cette occurrence une voix se fait entendre : « Aujourd'hui pas de sang, mais de la joie. »

Un jour qu'on demandait à Thérèse ce qui lui causait le plus d'amertume, pendant ses extases, elle répondit : « C'est de ne pouvoir secourir Jésus souffrant. De toutes mes forces je veux aller à lui ; mais je ne puis. »

Cet effort de Thérèse est sans doute la raison pour laquelle elle étend les bras, poussée par un ardent désir de porter secours au Sauveur.

La prétention de ne voir dans ces extases que des crampes, est insoutenable, car, s'il s'agissait de crampes, Thérèse se heurterait la tête contre le mur ou tomberait du lit. Or, cela ne s'est jamais vu : la couverture du lit n'est même pas dérangée, malgré les convulsions qui secouent la partie supérieure du corps.

Voici un rapport du curé Witt de Münchenreuth: «Les mains qu'elle tord, les traits décomposés, bouleversés, angoissés, tout cela est si naturel, sans nulle affectation, si vrai, que si elle jouait réellement la comédie, elle serait la plus géniale des artistes. Tel est l'avis d'un grand nombre de personnes qui connaissent le monde et savent ce que l'art peut produire.»

Outre ces extases du vendredi, la pauvre martyre a encore à expier, au gré de Dieu, les crimes des hommes, et cette expiation est si terrible qu'elle pousse des gémissements de douleur.

Un jour du mois d'août 1928, ce sacrifice expiatoire dont elle s'était chargée pour une personne lui causa une sorte d'empoisonnement du sang, accompagné de plusieurs abcès. C'est, pensent quelques-uns, la rançon avec laquelle elle croit racheter les péchés des hommes, expier pour eux et pour les âmes du purgatoire.

Voici quelques rapports de personnes qui assistèrent à des extases du vendredi. Le professeur Vincent Hille de Warnsdorf, qui fut témoin d'une extase en août 1926 communique à la presse : « Le visiteur a, de prime abord, l'impression que Thérèse ne remarque pas les assistants et ne sait pas ce qui se passe dans la chambre. Toutes ses pensées et tous ses sentiments sont dans un autre monde ; c'est dire qu'elle se trouve en état extatique. Les yeux semblent fermés et perdus dans une vision lointaine. De ses yeux coulent sur les joues des larmes de sang en deux épais filets rouges. Deux de ces filets se sont frayé un chemin jusqu'au cou, et l'on voit clairement que de nouvelles gouttes de sang coulent des paupières collées par le sang. A l'endroit du cœur la chemise de nuit est visiblement imbibée de sang, comme si Thérèse avait reçu un coup de poignard. Les bras s'ouvrent largement, d'abord vers les assistants, puis vers le ciel, à l'instar du Sauveur sur la croix. Ils se replient souvent avec de douloureuses torsions jusque sur le visage, pour, ensuite, de nouveau s'étendre. Le visage est angoissé et les traits pâlissent sous la torture, contractés par d'indicibles souffrances. Parfois elle étend les bras, la taille se redresse, mais elle retombe aussitôt. Pas un cri de douleur. Puis la langue se remue comme celle d'une personne qu'une soif ardente torture ! Une seule fois le visage parut rayonnant, comme illuminé par une grande joie. Pendant ces événements, qui durent près d'une heure, un silence religieux règne dans la salle bondée, silence parfois rompu par l'arrivée ou le départ des visiteurs. Une heure va sonner : le buste se cabre, la bouche et les traits prennent un aspect d'intense souffrance, et douloureusement elle tord ses pauvres bras. Alors le corps, semblable à celui d'un homme qui agonise, retombe lourdement sur sa couche, la tête penchée sur le côté, les yeux fermés. Les témoins de cette scène se rappellent involontairement les paroles de l'Evangéliste : « Il inclina la tête et expira. » Un silence de mort règne dans la chambre. Nous sortons vivement impressionnés et avouons que cette heure fut une des plus étonnantes de notre vie.» (Volksbote, Trautenau, 11, IX, 1926.)

Voici les impressions du Dr Jean Hollnsteiner, de Vienne, chargé de cours à l'Université, qui en décembre 1926 fut témoin d'une extase du vendredi : « A neuf heures du matin, je la trouve au lit, pâle, d'un teint cadavérique, les joues inondées par le sang qui coule des yeux. Au front et à l'occiput des plaies qui saignent. Un fort tampon d'ouate de 18 millimètres qui couvre la plaie du cœur est tellement saturé de sang qu'à cet endroit l'habit qu'elle porte en est imbibé. Elle a les yeux fermés et ne s'occupe nullement de ce qui se passe autour d'elle.

Dans l'appartement qu'elle occupe, il y a, outre ses parents, qui vont et viennent, 10 à 20 personnes, qui, de temps à autre, font place à de nouveaux arrivants. Dix minutes à peine après mon entrée dans la chambre, elle se soulève sur sa couche et tend les bras vers un être invisible. Dans cette étrange posture ni couchée, ni assise, elle demeure 10 minutes. Ses traits accusent les douleurs les plus lancinantes. Il est visible qu'elle essaie d'atteindre celui que ses yeux fixent et est déçue de ne pouvoir le rejoindre. Totalement indifférente à ce qui se dit ou se fait dans la chambre, elle s'affaisse sur son oreiller aussi vite qu'elle s'est soulevée ; les douleurs reprennent de plus belle. En cet état elle est insensible à tout ce qui se passe autour d'elle. Les douleurs qui ont fait trêve pendant l'extase reprennent atroces. Alors, mais seulement alors, elle répond aux questions posées par son directeur spirituel et ses parents qui peuvent constater qu'elle a vu Jésus tombant pour la première fois sous le poids de la croix. Puis, après 5 minutes commencent de nouvelles extases : l'une dure neuf minutes, et l'autre cinq seulement après un arrêt de douze minutes. Je profite du répit pour m'informer de l'objet de sa vision. Après la dernière et la plus angoissante extase, elle décrit jusque dans les moindres détails les principaux événements de la douloureuse Passion. Cette extase dure de 11 h. 45 à 1 heure 30. Sa figure reflète les différentes phases de ce pénible drame ; pendant qu'on dresse la croix elle souleve la tête et les mains. Vers une heure elle est torturée par la soif comme Jésus mourant ; sa langue lèche ses lèvres et elle essaye d'avaler. Vers la fin de cette extase, sa tête retombe sur l'oreiller ; seules les mains restent tendues vers un objet invisible. Alors commence une lutte atroce comme celle d'une personne qui entre en agonie. Sa poitrine se soulève, elle tend les bras, puis retombe sur sa couche comme anéantie. Peu à peu le calme revient. Pourtant elle reste encore isolée du monde pendant toute la journée. La blessure du cœur la fait souffrir, elle la presse de ses mains. Le lendemain, plus trace de la terrible secousse.

La nuit est calme. Cette nuit du vendredi au samedi est, du reste, la seule durant laquelle elle a un moment de grand soulagement, de réel repos ; ordinairement elle ne dort à peine que deux heures. J'appris le lendemain à connaître sa nature primesautière et son heureux tempérament. Elle-même reste convaincue que tout est l'œuvre de Dieu. » (Reichspost, Vienne, 25, XII, 1926.)

L'abbé Charles Vogel, Rédacteur à Altœtting, passa le vendredi 25 mars 1927 au chevet de Thérèse et donna ses impressions dans la Semaine Religieuse de Salzbourg. Il écrit entre autres : « Vers midi, nous entrons pour la troisième fois dans la chambrette de Thérèse. Quel spectacle digne de pitié, vision qui dépasse tout ce qu'on peut imaginer. Thérèse est là, assise sur son lit, les joues caves, les traits défaits : c'est la douleur personnifiée ; pâle, défaite, avec deux filets rouges qui coulent des yeux aux paupières collées par le sang jusque sur le cou. Le sang qui coule forme autour de son madras blanc comme une couronne rouge, pareille à la couronne d'épines du Sauveur. Sur sa chemise malgré un quadruple tampon de ouate, à l'endroit du cœur paraît une large tache de sang. Les plaies des mains saignent également. Assise sur son lit elle lutte, elle tremble, elle pleure depuis douze heures déjà, participant aux douleurs de l'Homme-Dieu. On sent qu'elle assiste au drame du Golgotha, aussi précis et aussi poignant que pour les témoins d'autrefois. Après avoir, pendant la nuit, vécu l'agonie, à l'aurore, elle souffre les affres de la flagellation et du couronnement d'épines, et, dans la matinée, celles de la condamnation à mort et du portement de la croix. Aux mouvements de son corps, on reconnaît les scènes de la Passion qu'elle vient de vivre et de subir.

« Tout cela est simple, rien de théâtral dans les manières. On sent approcher le moment de la mort du Sauveur. Le sentiment d'horreur qu'inspire cette mort secoue le corps de Thérèse. Lorsque Jésus clame son cri de douleur : « Tout est consommé », recommande son âme à son Père et expire, Thérèse retombe sur son oreiller. La vie semble l'avoir abandonnée, elle est comme morte, la respiration elle-même ne se remarque plus. Quelque temps après, le curé Naber lui adresse la parole. Elle reprend un peu ses sens. Alors commence contre les mucosités et l'étouffement une lutte douloureuse, qui dure une demi-heure. Puis complètement anéantie elle s'affaisse sur ses oreillers. »

VII. Elle entend le Sauveur, les Apôtres et leurs contemporains parler l'araméen, alors la langue du pays. Sur ce point elle diffère de Catherine Emmerich qui entendit et comprit tout en allemand.

Elle entend le Sauveur sur la Croix s'écrier: «Eloi, Eloi, lamma sabakthani», et non Eli, Eli, comme le porte le texte de saint Matthieu XXVII, 46. - St Luc. XV, 34 dit : Eloi. Au cours d'une vision, en juin 1928, elle est témoin de l'entrée triomphale de Jésus à Jérusalem et entend la foule acclamer le Sauveur, aux cris de: «Schalem, Schalem malkchi!», c'est-à-dire: «Soyez le bienheureux, ô Roi!» mot à mot: «Paix, Paix, mon roi ! » Le texte hébreux porte : « Scholeum, hamelech ! » Les Evangélistes mentionnent les cris : « Hosanna. » (Saint Matthieu, XX, 9. Saint Marc, XI, 10. Saint Jean XII, 13.) St Luc rapporte ces mots : « Béni soit le roi qui vient au nom du Seigneur ; à lui soit la paix, à lui la gloire dans les hauts lieux». (Saint Luc, XIX, 38.)

A Noël 1926, elle entendit le chant des anges pendant la nuit, mais sans comprendre les paroles. Quelques jours plus tard, M. Wutz, professeur de théologie à Eichstaedt vint la voir et lui dit en plusieurs langues les paroles des anges : « Gloire à Dieu au plus haut des cieux.» — «Le texte est autre, dit-elle. » Alors il prononça les mots en araméen. « Oui, c'est bien cela, c'est ainsi qu'ils se sont exprimés. » Le jour de l'Annonciation en 1927 elle venait d'entendre dans une vision l'archange Gabriel annoncer la naissance de Jésus. Comme elle n'avait pas saisi le sens des mots de l'ange, le Professeur Wutz qui se trouvait là les lui dit en différentes langues : « Non, non. Il a parlé tout différemment. » Alors il fit la citation en langue araméenne. « Oui, oui, c'est ainsi qu'il a parlé, mais le texte n'est pas complet. » La voyante relata aussi les moqueries des juifs, pendant le couronnement d'épines, et le Professeur constata qu'il y avait, outre les paroles rapportées par l'Evangile, d'abominables railleries. Elle cita aussi quelques mots araméens dits par saint Pierre devant le Grand Conseil, après la guérison du paralytique. D'abord Pierre avait montré le miraculé, puis passant la main droite dans ses cheveux il tendit le bras vers le Grand-Prêtre assis devant lui et prononça en araméen environ dix mots, dont voici la traduction : « Au nom de Jésus de Nazareth que vous avez crucifié. » (Ap. IV, 10.) C'est bien le sens du texte de saint Pierre correspondant à ses gestes. La voyante a une excellente mémoire, retient parfaitement les mots araméens, les prononce à la perfection, bien qu'elle n'en saisisse pas le sens ; à tel point que le Professeur Wutz put reconnaître la différence entre le dialecte galiléen de saint Pierre, et l'hébreu si purement parlé par Caïphe. Il y avait alors en Palestine, outre la langue juive, deux dialectes, le samaritain et le galiléen. L'araméen est une langue dérivée de la langue hébraïque. Le Professeur Wutz ayant intentionnellement mal prononcé des mots araméens, Thérèse lui répondit : « Ce n'est pas cela. » Dès qu'il se fut exprimé correctement, elle fut d'accord avec lui.

Un écrivain qui a la manie de tout critiquer, écrit dans le «Tageblatt de Prague» (6 sept. 1927), sous le titre ironique « Thérèse Neumann, une nouvelle Sainte. » — « Cette personne corrige des mots araméens mal prononcés, tout en ignorant la langue araméenne ! Thérèse a été quelque temps au couvent. Il n'est donc pas impossible qu'elle y ait appris quelques bribes d'araméen qu'elle répète par un effet du subconscient. » ? ! ? En Allemagne il n'y a que très peu d'érudits de profession, comprenant l'araméen, par exemple le Dr François Wutz, Professeur de théologie à Eichstaedt ; le Dr Jean Bauer, Professeur de philologie sémitique à l'Université de Halle; le Dr Rodolphe Kittel, Professeur à l'Université de Leipzig, et le Professeur Gustave Dalmann qui a édité «Les Paroles de Jésus» et des «Essais sur le dialecte araméen. » Thérèse Neumann a été en relation avec des religieuses qui jamais n'avaient entendu un mot araméen, même jamais vu une lettre de l'alphabet araméen et c'est d'elles qu'elle aurait dû apprendre des phrases entières d'araméen.

L'extatique de Konnersreuth entend les contemporains du Sauveur et le Sauveur lui-même parler l'araméen, elle cite fidèlement de nombreux mots de cette langue. Il me semble que voilà, une garantie de l'authenticité de ses visions ; en tous cas, cela fait sensation dans le monde des savants.

VIII. Thérèse Neumann entend souvent une voix de l'au-delà, voix qui lui annonce des événements futurs, l'exhorte et l'incite à faire le bien.

Une voix, toujours la même, annonça à Thérèse presque chacune de ses guérisons soudaines. Elle l'entendit aussi les jours où elle n'endura pas la Passion du vendredi.

Le vendredi dans l'Octave de l'Assomption, elle entendit ces mots : « Aujourd'hui pas de sang ; réjouis-toi avec Marie. »

Etait-ce la voix de sainte Thérèse de l'Enfant-Jésus ? Oui, à en juger par les paroles prononcées par cette voix le 17 mai 1925 : « On sauve bien plus d'âmes par la souffrance que par les sermons les plus brillants. » Or ces paroles se trouvent dans une lettre de sainte Thérèse de l'Enfant-Jésus.

Cette voix ne saurait venir de l'esprit mauvais, car elle recommande le renoncement, l'obéissance, la simplicité, l'innocence, en résumé des vertus que le démon a en horreur. Est-ce le diable qui lui conseillerait — et ce fut maintes fois le cas — le renoncement à ses caprices, l'obéissance à son confesseur, une simplicité enfantine ?

Thérèse dit de la voix qui lui parlait : « Jamais je n'ai entendu une voix pareille. Je vivrais mille ans, que je n'en oublierais pas la suavité. Nulle harmonie ne saurait être comparée à la douceur de tels accents. Son allemand est l'allemand littéraire, excepté quand elle m'adresse la parole ; alors elle m'appelle : « Resl » comme les gens de chez nous.

« Quand cette voix se fait entendre, dit-elle, elle est toujours accompagnée d'une lumière si radieuse que la lumière électrique comparée à cette clarté céleste, n'est que ténèbres. Et pourtant, c'est une lumière douce aux yeux qui me rend joyeuse et d'humeur charmante. »

IX. Depuis longtemps elle ne mange ni ne boit, et pourtant elle n'est pas réduite à une maigreur squelettique. Elle est même assez robuste.

Qu'on ne se figure pas que Thérèse jeûne en esprit de pénitence. Si elle ne mange ni ne boit, c'est uniquement parce qu'elle ne peut prendre ni nourriture ni breuvage, dont, du reste, elle n'a pas besoin.

C'est en 1922, la veille de Noël, qu'elle prit son dernier repas. Elle se sustenta depuis avec deux ou trois cuillerées d'eau par jour. Depuis Noël 1926, elle dut renoncer même à tout liquide, car elle ne saurait plus absorber qu'une parcelle de la sainte hostie à l'aide de quelques gouttes d'eau, et cela avec difficulté. Cela la faisait beaucoup souffrir et il se passait un certain temps jusqu'à ce qu'elle ait pu avaler la parcelle de la sainte hostie. Après avoir vu, en vision, les stigmates de saint François d'Assise, mi-septembre 1927, elle dut faire même le sacrifice de ces quelques gouttes d'eau. Elle dit que si elle ne mange pas et ne boit pas c'est qu'elle n'en ressent aucun besoin. Elle vit donc sans prendre aucune nourriture. Assiste-t-elle à un repas, elle n'y prend aucun intérêt. Et qu'on ne dise pas qu'elle mange en secret. Si une minime partie de la sainte hostie lui coûte tant de peine à avaler, comment pourrait-elle prendre de la nourriture en cachette ? Que de temps il lui faudrait pour cela, et quel supplice ce serait.

Lorsque le Dr Weisl, médecin de Berlin, lui demanda si la nourriture lui répugnait, elle répondit : « Non, pas trace de répugnance ! La nourriture est bonne. » — « Avez-vous de l'appétit ? » — « Nullement. Manger est pour moi une chose indifférente. » — « Et comment expliquez-vous cela ? — « C'est, sans doute, dit-elle, que Dieu le veut ainsi, et ce que Dieu veut, l'homme le peut. »

En 1927, sur ordres venus de l'évêché de Ratisbonne, Thérèse dut se rendre chez les sœurs gardes-malades franciscaines de Mallersdorf. Du 13 au 28 juillet, elle fut placée sous la surveillance du Dr Seidl, de Waldsassen. Jour et nuit, à la maison, à l'église, dans les rues, surtout pendant ses extases, deux sœurs furent constamment avec elle, à côté d'elle, sans la perdre de vue un seul instant. Avant la surveillance, on visita l'appartement dans tous les coins et recoins. Il était défendu aux religieuses de toucher à quoi que ce soit dans la pièce, même pas au lit de Thérèse ; pendant ces quinze jours personne ne put entrer dans la chambre.

Il lui était même défendu de se laver ; une religieuse était chargée de cette besogne. L'eau qui servit aux soins de la bouche fut, chaque fois, mesurée avant et après l'usage. Le Dr Seidl exerçait jour et nuit un contrôle sévère sur les sœurs gardes-malades. Or, voici les constatations faites par les quatre religieuses à la fin des quinze jours d'observation : « Thérèse Neumann n'a pris pendant ces quinze jours, à l'exception de trois hosties et de trois cuillerées d'eau qui devaient lui faciliter la déglutition des saintes espèces, ni nourriture ni boisson, et malgré cela sa bouche resta toujours humide. Pendant ce laps de temps, elle a dormi 10 heures à peine. Ses selles très rares, et très peu abondantes furent envoyées à l'Université d'Erlangen pour y être examinées. Le résultat de l'analyse fut qu'il n'y avait aucun élément qui pût faire supposer l'absorption d'une nourriture quelconque. La feuille officielle du diocèse de Ratisbonne (4 octobre 1927), publia le résultat de l'enquête et constata que le contrôle dans un hôpital ou une clinique n'aurait pu avoir de meilleur résultat. Voici donc ce que cette enquête établit: Thérèse peut se passer de nourriture et, de fait, s'en passe. Le Professeur Dr Ewald, dans la Revue médicale de Munich 1927, ne pouvant expliquer d'abord la diminution et puis la rapide augmentation du poids, tire cette conséquence : « Il y a là une lacune. » Mais depuis quand une mise en suspicion est-elle une preuve !

La privation de nourriture chez Thérèse Neumann ne peut être comparée au jeûne de quelques jeûneurs amateurs, car Thérèse n'a pas faim et elle est toujours rassasiée. Ceux-ci dépérissent pendant leur jeûne ; Thérèse nullement. Les premiers se remettent à manger quand l'épreuve est terminée ; Thérèse ne prend jamais aucune nourriture. Les jeûneurs amateurs boivent au moins de l'eau pendant leur jeûne, eau souvent additionnée de substances nutritives ; Thérèse ne prend rien, ni solide, ni liquide, à l'exception des quelques gouttes d'eau nécessaires pour que la malade puisse consommer les saintes espèces. Elle n'a rien de commun non plus avec les Fakirs, qui, pendant leur jeûne, sont physiquement et moralement complètement inactifs ; Thérèse, elle, se donne du mouvement, et, de plus, son esprit, son âme travaille.

Il est incroyable comme certaines gens cherchent à expliquer le jeûne de Thérèse

Neumann. Le Dr Wolfgang Weisl de Berlin, pour n'être pas obligé de croire à un bouleversement des lois de la nature écrit : « Thérèse Neumann prend plus de nourriture en état de somnambulisme qu'à l'état de veille. (Journal de Voss, 19, VIII, 27). L'écrivain Rodolphe Koschützki, de Breslau, fit, le 13, XII, 1927, au cercle des femmes artistes de Prague, une conférence, il prétendit que le corps humain ne vit pas de la nourriture matérielle, mais il respire cette nourriture dans l'espace absolu, c'est-à-dire dans l'univers ; la nourriture animale ou végétale n'agit que par l'intervention de cette respiration. Le fait que Thérèse Neumann n'a plus pris de nourriture depuis sa première extase, n'est pas une suspension de la loi de la nature. » (Bohemia, Prague, 14, XII, 1927.) Comprenne qui pourra ! Tout de même, il semble bien singulier que d'autres personnes, qui sont privées de nourriture matérielle, ne prennent pas dans l'atmosphère cette autre nourriture qui les empêcherait de mourir de faim ! C'est le cas de dire avec l'auteur de la vie de Louise Lateau : « Vous dites qu'une personne peut vivre de l'air du temps. Nous ajouterons foi à votre théorie quand vous aurez, pendant un an, accompli ce tour de force et d'adresse. »

Des faits semblables de jeûne absolu constatés chez des personnes pieuses, c'est-à-dire des personnes qui mènent une vie surnaturelle, ne sont pas rares, si incroyable que cela paraisse.

La bienheureuse Elisabeth de Reuthe, en Souabe, religieuse franciscaine, n'a pris pendant les douze dernières années de sa vie (1418—1430), aucune nourriture matérielle. Elle n'a vécu que du pain eucharistique.

Louise Lateau, en Belgique, ne vécut pendant les douze dernières années de sa vie (1871—1883) que de la sainte Communion. De même la bienheureuse Angèle de Foligno, en Italie, († 1309), sainte Lidwine de Schiedam († 1433) la grande patiente, alitée pendant trente-trois ans, ne vécut pendant 19 ans que de la sainte Communion. Le bienheureux Nicolas de Flüe († 1487), juge et Landrat dans le canton d'Unterwalden

(Suisse), qui plus tard vécut en ermite, ne mangea ni ne but pendant 20 ans; une fois par mois il communiait et était resté frais comme une rose et robuste comme un chêne. Le consul cantonal de Berne, qui le fit observer pendant tout un mois, certifia la réalité de son jeûne, contre ceux qui le calomniaient. (Voir Spirago, Recueil d'exemples). Cath. Emmerich, religieuse augustine († 1824) à Dulmen, en Westphalie, ne prit pendant douze ans, jusqu'à sa mort, en dehors de la sainte Communion que de l'eau fraîche tirée du puits. Si par obéissance, sur l'ordre de son confesseur, elle prenait quelque nourriture, elle la rejetait aussitôt au milieu de mortelles douleurs ; il en était de même, quand elle restait quelque temps privée de la sainte Communion. (Voir Spirago, Catherine Emmerich).

Et pour terminer maintenant une simple question : « Comment Thérèse Neumann peut-elle se soutenir sans manger, ni boire ? Qui expliquera que, vivant de la sainte Communion uniquement, elle ne meurt pas de consomption, et que du samedi au jeudi elle circule allégrement ? »

Elle reçoit des visites, s'entretient sans fatigue pendant des heures, avec des visiteurs, lit de nombreuses lettres, en écrit beaucoup, assiste chaque vendredi à la passion du Sauveur, elle accomplit donc pendant la semaine une somme de travail qui suffirait à épuiser un sujet plus robuste. De nombreux critiques, plutôt que de reconnaître l'intervention d'une puissance supérieure, ont recours aux plus sottes explications, même aux plus odieuses suspicions. La preuve que les médecins sont dans l'impossibilité d'expliquer le jeûne perpétuel de Thérèse, se trouve dans cet aveu du Dr Louis Kannamuller, de Passau : « D'après le cours ordinaire et scientifique des choses humaines, il y a longtemps que Thérèse devrait être morte de faim. Or, elle vit et n'a pas mauvaise mine. De plus chaque vendredi elle perd énormément de sang; comment et avec quoi renouvelle-t-elle sa provision de sang ? Ce problème de Konnersreuth est un terrible casse-tête pour nos coryphées de la science médicale et lui donne bien du mal. (Journal du Danube, 24, VIII, 1927.)

X. Thérèse n'éprouve pas le besoin de dormir.

Le Dr Jean Hollnsteiner, chargé de cours à l'Université, qui l'a vue en 1926 et a souvent causé avec elle pendant de longues heures, nous communiqua ses impressions (Reichspost de Vienne, 25, XII, 1926) : « La nuit du vendredi au samedi est la seule qu'elle passe normalement. Le reste du temps elle ne dort pas plus de deux heures.» Thérèse elle-même dit : « Je vais prendre mon repos vers 9 heures, mais ne puis dormir que de 3 à 5. Pourtant ces insomnies ne me pèsent pas, car jamais je ne m'adonne aussi librement à la prière ; par exemple, dans la nuit de vendredi à samedi, je dors les poings fermés.» Somme toute, pendant les premières années de sa vie d'extatique, elle ne dormit un sommeil paisible qu'après les douze heures de la Passion du vendredi. Depuis le mois de septembre 1927, elle ne dort presque plus, car de son propre aveu elle ne goûte que 4 heures de sommeil par semaine.

La stigmatisée française, Mlle Marie Julie Jahenny, qui vit encore, n'a pas dormi une minute depuis qu'elle a été stigmatisée en 1873. De même Elisabeth Achler, dite « la bonne Betha », sœur franciscaine, du couvent de Reuthe en Souabe, morte en 1430, a passé les douze dernières années de sa vie sans manger, ni dormir. Louise Lateau, quinze ans avant sa mort, de 1868 à 1883, ne sentit plus le besoin de dormir depuis le jour où elle fut honorée des stigmates de la couronne dépines.

XI. Le poids du corps de Thérèse Neumann change dans le cours de chaque semaine. L'extase du vendredi lui fait perdre 4 kilogrammes qu'elle retrouve du samedi au jeudi.

Depuis qu'elle ne mange plus, ni ne boit, Thérèse Neumann pèse toujours régulièrement 55 kilos. Le vendredi elle perd quatre kilos, qu'elle retrouve du samedi au jeudi suivant. Les quatre religieuses assermentées pendant les 15 jours d'observation dont il a été question plus haut, du 13 juillet au 28 juillet 1927, ont, à plusieurs reprises, pesé Thérèse, qui portait toujours le même costume. Résultat : Jeudi 14 juillet, elle pesait 55 kilos. Samedi le 16, seulement 51, mercredi le 20, 54 kilos et le jeudi 28, de nouveau 55 kilos.

Chose bizarre et inexplicable, pendant que Thérèse mangeait et buvait encore, comme tout le monde, elle perdit de son poids, maintenant que son jeûne est total, complet, elle pèse toujours 55 kilos.

Depuis la semaine sainte de 1926, Thérèse Neumann, à la suite de ses hémorragies du vendredi, perd chaque année au moins cinq kilos, et pourtant le poids hebdomadaire du corps reste le même.

Les savants de la Faculté d'Erlangen affirment que la stigmatisée perd chaque semaine environ un quart de litre de sang. Le Dr Stephan, Médecin en chef de la clinique de la maison de santé Ste-Marie à Francfort-sur-le-Mein, qui a examiné minutieusement la malade, en automne 1927, a constaté que Thérèse perdait chaque vendredi 105 grammes de sang ; comme cette vision de la Passion revient chaque vendredi, elle perdrait par an environ 5 kilogrammes de sang. Thérèse devrait donc à la suite de telles hémorragies perdre tous les ans 5 kilogrammes de son poids. Si donc elle doit, comme elle l'a prédit, vivre jusqu'en 1935, il ne resterait d'elle, qu'un squelette. Nouvelle et cruelle énigme !

XII. Si Thérèse Neumann tombe en extase pendant la sainte Communion, la sainte Hostie disparaît sans le moindre effort de déglutition.

Voici un rapport que le curé de Konnersreuth a publié dans la presse. Vers la mi-septembre 1927, Thérèse, au cours d'une vision, assista à la stigmatisation de saint François d'Assise. Depuis ce jour il arrive fréquemment qu'avant la sainte Communion, quand le prêtre s'approche d'elle avec le saint ciboire, elle entre en extase : sa figure s'illumine, ses yeux grands ouverts brillent d'un éclat singulier, et tout son corps se soulève légèrement. La sainte Hostie déposée sur sa langue, disparaît rapidement, bien que la bouche demeure ouverte. Pas trace de déglutition. Si Thérèse n'entre pas en extase avant la sainte Communion, on voit nettement les efforts qu'elle fait pour avaler les saintes espèces. En cette occurrence on ne lui donne qu'une parcelle du pain consacré. Est-elle en extase, on lui donne l'hostie entière.

L'écrivain Rodolphe Koschützki de Breslau, fit, le 13, XII, 1927 au club allemand des femmes artistes de Prague une conférence sur Thérèse Neumann. Il prétendit que le fait de l'hostie déposée sur la langue et qui disparaîssait sans nulle trace de déglutition, provenait de ce que chez elle la nourriture se dissolvait plus rapidement que chez d'autres personnes. (Bohemia de Prague, 14, XII, 27). Il n'y a qu'une objection à cette explication, c'est que Thérèse ne prend aucune nourriture ! De plus la sainte Hostie n'est pas dissoute, mais disparaît telle quelle et subitement ; enfin on sait que nul aliment ne se dissout instantanément.

Le même cas se produisit dans la vie de la bienheureuse Elisabeth, dite la « bonne Betha », née Achler, de Waldsee, religieuse franciscaine du couvent de Reuthe (Souabe), Elle mourut en 1430, à l'âge de 34 ans. Voici ce que rapporte Conrad Kugelin, prieur du couvent des Augustins, à Waldsee. Un vendredi qu'il célébrait le saint sacrifice de la messe, il prit quatre hosties pour donner la Communion aux religieuses. Or, trois religieuses seules assistaient à la messe, la quatrième, Elisabeth, de Reuthe, malade, était restée dans sa cellule.

Pendant qu'il distribuait la Communion aux trois religieuses présentes, la quatrième hostie disparut. Effroi du prieur qui supposait que l'hostie était tombée à terre, mais elle n'était pas sur le sol. Quand plus tard il alla voir Elisabeth dans sa cellule, elle lui dit : « Je connais la cause de votre tristesse et sais ce que vous cherchiez. Vous pensiez avoir perdu cette quatrième hostie. Il n'en est rien. Mon divin Fiancé m'a visitée dans ma cellule et m'a donné la sainte Communion. Devant lui marchaient les anges en grands ornements, tenant des cierges allumés. » (A. Baier. Guide des pèlerins de Reuthe, 1919).

Nous trouvons un miracle analogue dans la vie de sainte Julienne Falconieri, morte en 1341. A l'âge de 70 ans, elle tomba gravement malade à Florence. A cause de l'état précaire de son estomac qui rejetait toute nourriture, le prêtre refusa de lui donner le saint viatique. Elle pleura amèrement et supplia le prêtre de vouloir bien au moins déposer le corporal sur sa poitrine. Son confesseur, Jacques de Compo Regio accéda à sa demande, à peine l'hostie fut-elle dans le voisinage de son cœur qu'elle disparut et quelques instants après Julienne mourut, radieuse. Quand les religieuses firent la toilette de la morte, elles aperçurent, à leurs très grande surprise, à l'endroit du cœur un cercle avec l'image du crucifié, imprimé comme un cachet de la forme et de la taille de l'hostie disparue. Ce prodige fut certifié par des témoins oculaires. (Spirago, Recueil d'exemples).

XIII. Thérèse Neumann connaît les secrets des hommes.

M. le Dr Gerlich, rédacteur en chef des « Dernières Nouvelles de Munich », qui, du 15 au 18 septembre 1927 a séjourné à Konnersreuth, fit dans son journal le récit détaillé de ce qu'il y a vu. Il rapporte entre autres, que Thérèse, pendant l'extase du 16 septembre, lui fit une description exacte de sa vie intérieure et ajoute : « C'est le Sauveur qui me le fait savoir.» A d'autres questions posées, elle répondit : « Le Sauveur me laisse dans l'ignorance. »

Un évêque américain Mgr Schrembs de Cleveland, accompagné de son chancelier Mgr Fladden et de plusieurs autres pèlerins, alla voir Thérèse au printemps de 1928. Voici ce que nous lisons dans la relation qu'il fit de son voyage dans des feuilles catholiques du 15 avril 1928 : « En entrait dans la chambre de Thérèse, je l'entendis dire à voix basse à sa mère : « Ce Monsieur qui est à côté de toi est originaire de notre pays, il est né non loin d'ici. Cependant il demeure au delà des mers et travaille activement pour Dieu. Il a encore beaucoup à faire. J'ai quelque chose à lui dire, mais seulement à lui. Aussitôt toutes les personnes présentes quittèrent la chambre, seul Mgr Fladden put rester. Elle dévoila alors à l'évêque les secrets de son âme, connus seulement de Dieu et de lui. Cette révélation le toucha jusqu'aux larmes. Thérèse parle souvent du passé et de l'avenir. Elle décrit les prêtres de son diocèse jusque dans les détails les plus personnels, les plus intimes.

A M. Aloyse Mager, professeur à la Faculté de théologie de Salzbourg, Thérèse fit un récit précis de son activité passée, parla de sa santé et lui dit que son médecin de Munich, consulté à Noël 1927, n'avait pas vu clair dans son état. Elle lui parla également de ses affaires particulières qu'elle ne pouvait connaître naturellement. Elle ajouta : « C'est le Sauveur qui parle par ma bouche.

Une fois que vous serez parti, j'aurais perdu le souvenir de tout ce que je viens de vous dire. »

Au mois d'octobre 1927, un étranger vint un après-midi prier le curé de Konnersreuth de lui obtenir une audience de Thérèse. Quand celle-ci en fut informée elle dit : « Qu'il vienne seulement j'ai quelque chose à lui dire. » Quand le visiteur fut introduit et se trouva près de son lit, elle dit sans même ouvrir les yeux : « En voilà un qui n'aime pas le Seigneur et le Sauveur lui rend la pareille. » Puis elle lui reprocha un grand crime dont il s'était rendu coupable, alors qu'il était agent communiste en Russie. L'homme s'en alla écrasé, anéanti.

Le 11 octobre 1927, elle eut connaissance de la mort de Monseigneur Antoine de Henle, évêque de Ratisbonne qui, le soir de la première réunion du synode, mourut d'un coup d'apoplexie après une courte, mais douloureuse agonie.

Souvent des visiteurs qui venaient consulter Thérèse rapportent qu'ils n'avaient pas à lui poser des questions : elle avait lu leurs pensées secrètes et la réponse devançait la demande. Elle connut maintes fois le contenu des lettres qu'on lui adressait avant qu'elle ne les eût décachetées.

Quand elle apprit qu'on s'occupait de la béatification de Catherine Emmerich, elle assura que ni Pie XI ni son successeur n'y travailleraient, mais que celui qui viendra après eux « en dira long. » En même temps elle donnait à entendre que Clément Brentano avait beaucoup ajouté du sien dans les relations qu'il avait faites sur les visions de Catherine Emmerich et que cette circonstance mit obstacle à la béatification de Catherine.

XIV. Elle reconnaît les reliques des Saints et leur origine. Elle distingue aussi les objets bénits de ceux qui ne le sont pas.

Habituellement elle touche les reliques et sait aussitôt de quel Saint elles sont les restes glorieux.

Le Dr Gerlich, rédacteur en chef des « Dernières Nouvelles de Munich », qui en septembre 1927 passa quelques jours à Konnersreuth, raconte dans sa feuille que le curé de l'endroit présenta à Thérèse quelques reliques renfermées dans un médaillon. «Celle-ci, dit-elle, sans ouvrir les yeux, est une parcelle de la croix du bon Sauveur. » Elle indique même la partie de la croix d'où la parcelle avait été détachée : « De l'endroit où l'avant-bras du Sauveur a touché le bois de la croix. » Une autre fois le curé montra à Thérèse une croix en argent, haute de 12 centimètres et épaisse d'un centimètre et la lui appliqua sur les lèvres. « Il y a là dedans, dit-elle, un objet, qui a appartenu à la jeune fille à qui l'on a enfoncé un glaive dans la gorge : elle s'appelle Cécile. Un autre vient de sainte Thérèse, mais de la grande Thérèse ; puis trois autres, mais qui n'ont que touché. » Elle fit aussi connaître les noms qu'on lui demanda. Grand fut l'étonnement du curé qui ne savait pas que la croix fut un reliquaire. Il s'efforça de l'ouvrir, mais n'en put découvrir le mécanisme. Un Père lui en indiqua le fonctionnement, et l'on y trouva les reliques que la voyante avait vues.

Le doyen du chapitre de Spire, le Chanoine Molz, lui présenta une relique de la vraie croix. Elle y reconnut une parcelle tirée de la partie de la croix touchée par le dos du Sauveur. Un jour on lui montra une relique de sainte Thérèse de l'Enfant-Jésus : « Oh celle-la je la connais bien, cette jeune fille est déjà venue me voir souvent. Elle a guéri ma cécité et ma maladie de la moelle épinière. »

« Elle est donc bien puissante ? » lui demanda le curé. « Personnellement elle est impuissante, mais elle recommande l'affaire au Sauveur et fait ce que le Maître lui dit. » (Par là, elle donna à entendre que les saints intercèdent auprès de Dieu pour nous.)

Le P. Albert Marie Völlmecke cite dans la revue « la Cité de Dieu » (XII, 1927), un cas dont il a été témoin. Le curé prit un reliquaire dans lequel il y avait des cheveux de la vénérable Catherine Emmerich, et le mit sous les yeux de Thérèse sans dire mot : Aussitôt le visage de la stigmatisée rayonna, et elle s'écria : « Oh ! la pauvre fille, ce qu'elle a dû souffrir ! Tout comme moi ! » Puis il lui montra une autre relique, à l'en croire un morceau du vêtement de Catherine Emmerich. De suite elle s'écria : « Ce n'est pas d'elle, c'est un vêtement d'emprunt. » Il lui arriva bien des fois de rectifier l'opinion qu'on avait de certaines reliques. « Il y en a de vraies, il y en a aussi de fausses. » Ce don de distinguer les reliques authentiques d'avec les autres, avait aussi été départi à Catherine Emmerich. (Voir Spirago. Cath. Emmerich.)

Essais d'explications scientifiques

Et maintenant, une question : Quelle est la position prise par les représentants de la science en présence de ces phénomènes extraordinaires ? Qu'ils puissent être dus à l'intervention d'une puissance supérieure, celle du Saint-Esprit, ils le nient et cela parce qu'ils « fuient Dieu constamment », comme le dit si bien le Dr Niessen. Ici-bas les esprits sont divisés ; il y a deux camps, ni plus ni moins. Les uns disent : « Je crois en Dieu, père tout puissant. » Les autres: «Je crois à la nature, mère toute puissante.» Les premiers sont les théistes, les autres les déistes. Ces derniers sont fort embarrassés en présence des événements de Konnersreuth. Les lois de la nature sont immuables, immuable aussi l'ordre dans la nature, disent-ils. Mais, comme en présence de faits avérés, on ne saurait parler de charlatanisme, de duperie, d'imposture, ils essayent de les expliquer naturellement. Le Dr E. Aigner, de Fribourg en Brisgau, s'est spécialisé dans les maladies nerveuses. C'est un ennemi déclaré des miracles, surtout de ceux de Lourdes. Dans une conférence donnée à Munich, en octobre 1927, il dit que les stigmates, les larmes de sang et le jeûne absolu de Thérèse sont indéniables, mais il ne voit en ces phénomènes qu'une affection nerveuse de l'autosuggestion. L'hypnotisme, dit-il, aurait facilement raison de ces manifestations nerveuses. (« Gazette de Munich », 13 octobre 1927). Un autre médecin, le Dr Félix Theilhaber, fit à Berlin le 22 octobre 1927, une conférence aux membres d'une société dite de réforme sexuelle. Il attribue l'apparition des stigmates chez Thérèse Neumann à une alimentation insuffisante, qui occasionne le scorbut. Or, cette maladie produit des hémorragies de la peau qui manque de vitamines. (Mais pourquoi ces hémorragies se produisent-elles précisément sur les parties du corps qui correspondent aux plaies du Sauveur ? Et pourquoi le sang coule-t-il le vendredi, jour où le Sauveur mourut, et non un autre jour ?) Ceci l'orateur ne l'explique pas !

Dans la presse on soutient principalement que les stigmates sont le résultat d'une longue suppression des périodes, car alors le sang cherche une autre issue. (Mais pourquoi ce sang s'échappe-t-il aux endroits du corps qui correspondent aux plaies du Christ, et pourquoi de préférence le vendredi, jour où le Sauveur mourut sur la croix, et non un autre jour ? Et puis l'argument porte à faux, car enfin il y eut aussi des « stigmatisés », hommes, par exemple, saint François d'Assise.) Il y a même des orateurs populaires, des démagogues bavards et comiques qui attribuent ces phénomènes à la radio-activité. D'autres prétendent que le vendredi un prêtre hypnotise Thérèse près du lit de laquelle il se tient et opère. (Et les milliers de témoins qui ont passé près de ce lit, n'ont jamais remarqué cet hypnotiseur ! ! Les plaies provoquées par l'hypnose suppurent et peuvent être guéries. Rien de pareil dans l'état de Thérèse.) D'autres parlent — mais de quoi ne parle-t-on pas dans l'espèce ! — d'hystérie, de télépathie, de crampes, etc., etc. Un écrivain protestant attribue ces prodiges à des diableries ou à la sorcellerie. Il plaint la jeune fille d'être la victime, le jouet d'un esprit malfaisant, qui ruine sa santé. Oublient-ils donc que Goethe a dit : « Le diable est un égoïste et ne fait pas, par amour pour Dieu, ce qui peut être utile à un autre qu'à lui. » Car enfin les événements de Konnersreuth ont contribué à réveiller la foi dans l'âme de milliers de personnes. Or, le diable n'a ni le désir, ni le pouvoir de travailler au salut des âmes.

Tout cela prouve que les savants ne savent où donner de la tête, et cherchent des prétextes de toutes sortes pour ne pas être forcés de se rendre à l'évidence. D'autres, par contre, crient au miracle. Mais aussi longtemps que l'autorité ecclésiastique ne se sera pas prononcée, il ne faut pas parler de miracles. Disons que c'est une énigme dont la solution est encore à trouver. Oui, sans doute, le Dr Ewald de Erlangen, professeur à l'Université, a osé prétendre que dans la stigmatisation il n'y a rien qui tienne du merveilleux ; elle est le résultat d'un état maladif du corps et de l'âme. Nous ne pouvons que souhaiter à toutes les personnes d'être aussi saines d'esprit que Thérèse Neumann ! Il est intéressant de savoir ce qu'elle pense à ce sujet. « On parle toujours d'un miracle voulu par Dieu. Je crois qu'on ne doit pas dans l'interprétation de la vie mettre une si grande différence entre les phénomènes naturels et surnaturels. L'action divine ne se manifeste pas seulement par des faits surnaturels et des miracles dans toute l'acception du mot. Dieu montre qu'il n'est pas moins puissant, ni moins merveilleux dans les manifestations de sa providence naturelle. »

Enfin, pour n'être pas obligés de reconnaître le miracle, d'autres prétendent que le curé de Konnersreuth a pris une telle influence sur Thérèse qu'elle est, sous son entière domination. Comment se fait-il alors que tout ce qui se passe en Thérèse suit les différentes phases de l'année ecclésiastique ? Cela est-il peut-être aussi dû à l'influence du curé de Konnesreuth ? N'est-ce pas plus logique de voir en tout ceci l'action de l'Esprit-Saint !

Thérèse **NEUMANN**
en extase avec larmes de sang.

de L. Witt, Konnersreuth.

Réponses aux objections

I. Prétendre que tous ces événements sont le fait du clergé catholique est une affirmation purement gratuite, une grossière calomnie même.

Le rédacteur responsable de « l'Echo Rouge », journal communiste de Iéna, a fait paraître un article intitulé : « Comment on trompe le peuple.» Il déclare que si on fait prendre au peuple des vessies pour des lanternes, c'est pour permettre à l'Eglise de faire une bonne affaire et de rétablir son crédit ébranlé. Cité, le 8 mai 1928, devant le tribunal des échevins d'Erfurt, et accusé d'avoir injurié l'Eglise catholique, il fut condamné à 2 mois de prison. On lui accorda des circonstances atténuantes et on commua cette peine en une amende de 600 Mark. Le tribunal déclara que, de l'avis des spécialistes, on ne saurait, en l'espèce, accuser l'Eglise d'avoir menti, ni d'avoir trompé. Elle n'a pas induit le peuple en erreur.

Parfois on entend dire: «Depuis la guerre mondiale, la religion a perdu du terrain. L'Eglise cherche à regagner le terrain perdu par les miracles de Thérèse de Konnersreuth. » Cela n'a ni queue ni tête ! Tout d'abord l'Eglise n'a pas besoin de nouveaux miracles. L'inébranlable stabilité de l'Eglise catholique et de la papauté, malgré les persécutions, est le plus beau des miracles. Ajoutez à cela cependant tant de saints dont les corps sont conservés intacts, bien que nombre d'entre eux eussent été enterrés dans des terrains humides : beaucoup même ont conservé la souplesse des membres, et ce prodige dure encore bien des siècles après leur mort ; de même plusieurs de ces corps répandent une odeur exquise : tels ceux de saint François Xavier, de sainte Thérèse, de sainte Claire, de la bienheureuse Bernadette, la voyante de Lourdes, etc...

Qu'on veuille aussi tenir compte des milliers de miracles obtenus par l'intercession, par l'intervention de ces saints, miracles qui ont décidé l'Eglise à procéder à leur canonisation. Tous ces prodiges ont été très sérieusement, sévèrement même, passés au crible d'une saine et savante et consciencieuse critique, par une commission de spécialistes composée non seulement de prêtres, mais de médecins et d'autres spécialistes laïques.

Le 6 novembre 1927, Son Eminence le Cardinal Faulhaber donna dans la cathédrale de Munich à ce sujet un sermon programme, vrai manifeste doctrinal d'un prince de l'Eglise : « L'Eglise catholique ne se hâte pas de prononcer le mot de miracle. Elle ne le prononce que lorsqu'elle a acquis la certitude que les faits soumis à son contrôle dépassent les lois et les forces de la nature et ne peuvent être attribués qu'à une cause supérieure. Avant la canonisation, l'Eglise examine les miracles attribués aux Saints, et cet examen dure souvent dix, vingt et parfois même cent ans. »

Ajoutez à cela les innombrables miracles qui se sont produits dans les lieux de pèlerinages, à Lourdes en particulier. Qu'on lise sur ce sujet des livres à la portée de tous : « Hoppe, Lourdes dans le rayonnement de ses miracles » et Bertrin : Lourdes. Ces excellentes publications ont déjà ramené beaucoup de protestants dans le giron de l'Eglise. Tous ces miracles prouvent à l'évidence l'origine divine du catholicisme et suffisent à convaincre tout homme de bonne volonté en quête de vérité. L'Eglise catholique n'éprouve nullement le besoin de recourir à la fraude. A l'assemblée des catholiques de Nuremberg (octobre 1927), l'archevêque de Bamberg dit pertinemment : « Les phénomènes extraordinaires de Konnersreuth supposent-ils une intervention nouvelle de Dieu ? Peu importe, au fond. L'Eglise n'a aucunement besoin d'une nouvelle confirmation de sa mission. Son passé lui est un sûr garant de l'avenir. »

C'est avec une prudente lenteur qu'elle examine de tels faits. Nous en avons une preuve récente dans l'affaire des stigmates du Père Capucin Pius, de son nom de famille Francesco Fornigione, né le 26 mai 1886, enfant d'une humble famille de cultivateurs de Pietralcino, près de Bénévent (Italie du Sud.) A l'âge de 16 ans, il entra au noviciat des capucins dans un couvent entouré d'une verte couronne de sveltes cyprès, à un quart d'heure de marche du village de St-Giovanni Rotonde, ainsi nommé du style de son église et à 40 kilomètres de Foggia, son évêché. Le P. Pius est un homme de petite taille, avec une grande barbe noire. Le 20 septembre 1918, pendant la récitation du bréviaire au chœur, il reçut, à l'âge de 32 ans, les cinq stigmates du Sauveur. Les plaies, petites d'abord, grandirent peu à peu ; celles des mains et des pieds sont assez larges pour qu'on puisse y introduire le doigt. Celle du côté est longue de 7 cm. Elles ne guérissent pas et il n'y a nulle trace de suppuration. Ce Père ne prend que peu de nourriture, passe chaque jour six à dix heures au confessionnal. D'une grande bonté et d'une angélique douceur, il révèle à nombre de pénitents les fautes dont ils hésitent à faire l'aveu. Il dit la sainte Messe au sortir du confessionnal, et la foule qui l'y assiège est parfois si dense qu'il a peine à se frayer un chemin pour se rendre à l'autel. Par trois fois on le vit s'elever, planer et prendre la voie des airs pour gagner la sacristie. Ses plaies répandent un doux parfum, qui embaume sa cellule et les chemins par où il passe. La commission nommée par Rome constata cette odeur et aussi la température étonnamment élevée du P. Pius. Il a parfois jusqu'à 48° et 50 degrés, un vendredi le thermomètre médical se brisa en morceaux quand on voulut prendre la température de son corps, il fallut recourir à celui de la salle de bains. Le Père Pius opère des miracles particulièrement en bénissant. Un jour en traversant l'église, il vit un paralytique et lui dit : Lève-toi donc. — Je ne saurais, répondit-il. — Essaye toujours et lève-toi — le paralytique se leva et partit. (Ce miracle est rapporté par la « Germania » de Berlin dans son supplément du 20 avril 1928.)

L'Eglise catholique est loin de proclamer, immédiatement, de tels faits comme des miracles. Le 31 mai 1923, le saint Office de Rome a fait savoir que le caractère surnaturel des faits et gestes du Père Pius est loin d'être constaté (non constare de eorumdem factorum supernaturalitate) et il a recommandé aux fidèles, le 24 juillet 1924, de ne plus se rendre auprès du Père Pius et de ne plus correspondre avec lui. C'est donc nier l'évidence que de reprocher à l'Eglise de profiter de ces phénomènes pour rehausser le prestige de la religion.

Faut-il aborder la question de savoir si ces manifestations mystiques chez Thérèse Neumann ou chez le Père Pius sont d'ordre surnaturel ou non, des miracles ou non ? Ne suffit-il pas de constater ! Ne suffit-il pas de savoir que Jésus-Christ vit toujours dans l'Eglise, son corps mystique agit en elle et par elle ? N'a-t-il pas dit à ses apôtres : « Je serai avec vous tous les jours jusqu'à la consommation des siècles. » (St Matthieu, XXVIII, 20). Néanmoins lorsque la foi périclite le Christ prodigue à son Eglise des dons extraordinaires : miracles, prophéties, visions, extases, stigmates, etc. A ceux qui sont en dehors de la vraie religion, qui sont en marge de son Eglise, il refuse ces faveurs. Il est très remarquable que précisément au moment où, en Bohême, après l'établissement de la Tchécoslovaquie plusieurs centaines de mille Tchécoslovaques apostasièrent pour fonder une église nationale, ou se firent protestants, sur les confins de la Bohême parut à la même époque une stigmatisée. Est-il donc étonnant que la presse de la Tchécoslovaquie, hostile à l'Eglise catholique, ait déversé l'ironie, le mépris et la haine sur le cas de Konnersreuth ?

II. Rien dans les faits et gestes de Thérèse Neumann n'autorise à la considérer comme hystérique.

Ce n'est certes pas flatter une jeune fille que de l'appeler hystérique, car c'est dire qu'elle est anormale. Une hystérique cherche à passer auprès du public pour une personnalité de marque. Elle prend des poses théâtrales dans l'intention de se prévaloir d'avantages qu'elle ne possède en aucune façon. Pour elle, l'important est qu'on parle beaucoup de ses faits et gestes. C'est une façon de s'imposer aux foules. Pour cela elle ne recule devant aucune supercherie, devant aucun mensonge. L'hystérie est un état maladif, vraisemblablement une maladie nerveuse. Or, l'hystérie et la perfection chrétienne, en d'autres termes la sainteté, n'ont rien de commun, car l'hystérie est en marge des pratiques religieuses.

Thérèse Neumann est le contraire d'une hystérique. Elle est franche, sincère, loyale, a horreur du mensonge. Elle est humble et patiente. Loin de faire montre de ses stigmates, elle les cache sous des mitaines. Quand ils apparurent, elle eut grand soin de les dérober à la vue des siens, jusqu'à ce que sa famille les remarquât. Il en résulta que d'abord des voisins et des amis, à qui l'on ne pouvait pas facilement cacher ce phénomène, des étrangers qu'il n'était pas non plus possible d'éloigner, vinrent la voir. On se dit, et à juste titre, que par cette faveur Dieu n'avait en vue que le salut des âmes. Thérèse en prit son parti, fit le sacrifice de sa tranquillité et accueillit les visiteurs. Elle avoua, aux prêtres surtout, qu'elle souffrait volontiers pour l'amour de Dieu, à condition de ne pas attirer sur elle l'attention du monde : « Que ne puis-je souffrir loin de tout regard profane ! » Elle suppliait Dieu d'éloigner d'elle ce calice : « O mon Dieu, disait-elle, prends tout de moi, et laisse-moi plutôt redevenir aveugle. L'exhibition est pour moi plus dure que la souffrance. » Ainsi ne parle pas une personne hystérique !

Depuis sa jeunesse elle ne fut jamais fantasque et eut horreur des contes et des romans. « Tout ça, ce sont des histoires mensongères, disait-elle ! » De tout temps depuis son enfance elle évitait dans ses paroles, et aussi dans ses habits et sa piété ce qui était bizarre, extravagant, romanesque. En elle, rien d'artificiel. Elle se montre telle qu'elle est. Elle aime les gais propos, rit, plaisante volontiers, et trouve grand plaisir aux charmes de la nature. Dans les fleurs, elle aime l'éclat des couleurs. Le chant des oiseaux l'enchante, elle y admire l'œuvre de l'Artiste souverain. Dans les créatures, elle voit et aime le Créateur. L'abbé Dr Martin Mayer écrit à ce sujet dans la Semaine Religieuse de Bavière, en juin 1927: «Thérèse, à l'exemple de saint François d'Assise, a une préférence marquée pour la nature. Elle s'amuse avec ses tourterelles, qui, sur ses ordres cessent de roucouler ; tout l'enchante : les deux canaris dans leur cage, les fleurs sur la croisée et les petits poissons dans l'aquarium. Elle est tout plutôt qu'hystérique. Celui qui, dans cette fille de paysan à l'esprit clair et au jugement droit, voit une hystérique, ou bien il ignore ce qu'est l'hystérie, ou ne connaît pas cette Thérèse au sourire franc et gai. Le curé de Konnersreuth, un vénérable vieillard, assure qu'il ne peut venir à l'idée de ceux qui connaissent Thérèse, de voir en elle une hystérique. C'est l'enfant la plus simple, la plus ingénue de la paroisse ; en elle rien d'artificiel.

Voici ce que le Dr A. Louis Kannamüller, médecin à Passau, pense de Thérèse et de ses détracteurs : « L'hystérique n'oublie jamais de faire avaler à son entourage une forte dose de son pessimisme. Elle s'entend à merveille à tourmenter le prochain par des pointes politiques. Pas l'ombre de cela chez

Thérèse. Donc aucun parti à tirer de l'hystérie. (Gazette du Danube, 23, VIII, 1927.)

Il ne saurait en aucun cas être question comme le prétendent nos adversaires, d'une prédisposition naturelle pour l'hystérie. Ils n'oublient qu'une chose capitale en l'espèce, c'est que Thérèse est issue d'une famille sans tares physiques, dans laquelle tous les membres sont sains de corps et d'esprit, que jamais, avant le terrible incendie, c'est-à-dire jusqu'à l'âge de 20 ans, elle n'a été malade. Elle était alors de solide et forte constitution. Pendant la guerre mondiale, alors que les hommes étaient au front, elle faisait le travail d'un valet de ferme. Elle portait sans difficulté des sacs de blé du poids de 70 kilos et les montait au grenier. Que l'on n'oublie pas que le 10 mars 1918, pendant deux heures, lors de l'incendie de la ferme d'un voisin, elle passa sur le toit des cuveaux remplis d'eau. Y a-t-il là, je vous le demande, le moindre indice d'une constitution maladive ?

Qui oserait encore parler d'hystérie ! Un médecin de maladies mentales, le psychiatre Dr Niessl, de Mayendorf, professeur à Leipzig, a exposé dans les « Dernières Nouvelles de Leipzig », son avis sur Thérèse Neumann. Pour lui les phénomènes extraordinaires qui apparaissent dans cette personne, les stigmates qui peu à peu se montrent, les plaies qui saignent chaque vendredi, l'extase de la Passion, la guérison soudaine de la paralysie et de la cécité, le jeûne continuel sont des signes évidents d'hystérie ; l'extase du Vendredi-Saint n'est que le résultat de grandes convulsions épileptiques et hystériques. Le professeur extraordinaire de l'Université, Dr Ewald, psychiatre, à Erlangen, un protestant, a soutenu que Thérèse n'était ni plus, ni moins qu'une hystérique. Comme elle a perdu la santé au cours d'un incendie, il conclut que c'est là un exemple manifeste, extraordinaire, d'hystérie accidentelle. Les stigmates, à l'entendre, sont également d'origine hystérique. « Qu'on en finisse une bonne fois, dit-il, puisque le culte dont on auréole, entoure et fatigue Thérèse Neumann, met obstacle à la guérison de la maladie. »

L'évêché de Ratisbonne, à l'occasion d'un contrôle de quinze jours auquel on avait soumis Thérèse Neumann, avait invité le Dr Ewald à la fin de la période d'observation, à constater surtout l'état physique et nerveux de la malade. Des quinze premiers jours de la période d'observation il ignorait le premier mot. Malgré cela il publia son jugement dans le journal médical de Munich le 18 nov. 1927 dont voici la teneur : « C'est une hystérique. » Ce Dr Ewald, qui, jusqu'à ce jour n'avait pas la moindre idée des plaies du Christ, se permit donc dans une affaire d'une telle importance, après quelques heures de rapide et superficielle observation, de diagnostiquer si péremptoirement !

Voici la réponse du chef du service sanitaire, Dr Seidl, qui, pendant quinze jours, observa Thérèse Neumann. Elle a paru dans la « Revue hebdomadaire de Konnersreuth », (No 9, du 2, XII, 1927). — « Un grand nombre de savants sérieux et à tous égards dignes d'attention — quelles que soient par ailleurs leurs idées sur le monde et la vie — ont une tout autre opinion sur la question posée au monde savant, par une simple paysanne d'un coin perdu du Haut-Palatinat. Ils se refusent de ne voir dans toute l'affaire qu'une question d'hystérie. » Le Dr Jean Hollnsteiner, chargé de cours à l'Université de Vienne, dit : « Dans les cercles les mieux entendus et les plus autorisés à parler de ces matières délicates en connaissance de cause, on avoue franchement — et c'est l'avis des psychiatres et des spécialistes en matières théologiques — qu'avec le grand mot démodé d'hystérie, on n'explique rien du tout ; ce grand mot ne donne pas la solution du problème. Qu'est-ce, en effet, que l'hystérie ? C'est l'irritabilité du sentiment, l'hypertrophie du moi, le mensonge pathologique. Or, aucun de ces caractères ne paraît dans les faits, gestes et dires de la stigmatisée de Konnersreuth. Je n'ai trouvé en Thérèse Neumann qu'un scrupule, qu'une crainte: c'est de ne pas dire toute la vérité. » (Reichspost-Vienne, 25, XII, 26).

Le mot « hystérique » accolé au nom de Thérèse Neumann n'est que la preuve de l'embarras dans lequel se trouvent ces savants qui refusent de faire l'aveu de leur incompétence en ces matières. Ils ne comprennent rien aux événements de Konnersreuth. Ce mot « hystérie » n'est qu'un paravent pour masquer leur embarras. Le médecin Louis Kannamüller de Passau, fait cet aveu significatif dans le Journal du Danube, le 23 août 1927 : « Jamais on n'a tant abusé dans le lexique médical du mot « hystérie. » Même dans les milieux laïques, c'est un de ces grands mots à effet dont on a la bouche pleine pour se débarrasser des problèmes gênants, embarrassants de la pathologie psychologique. Le peuple répète, comme un perroquet, le mot « hystérie », lancé dans le public par le premier médecin venu. On entend dire : « Cette Thérèse Neumann ? Ah oui ! Ce n'est qu'une hystérique ! » — On cherche à la discréditer pour n'avoir pas la peine de réfléchir et de chercher le mot de l'énigme !

III. L'Autosuggestion (suggestion par la volonté propre) ne peut également jouer un rôle quelconque dans le cas de Thérèse Neumann.

Il est certainement possible que par la suggestion on peut provoquer des saignements de nez, des phlyctènes (1), des taches de sang même sur la peau, mais jamais elle ne réussira à provoquer des plaies béantes, et moins encore les plaies du Christ que nul art médical ne peut guérir, qui ne suppurent pas, ne répandent pas d'odeur et saignent le vendredi, durant l'état extatique au jour commémoratif de la mort du Christ. De plus, il est douteux qu'un malade, par le seul fait de son imagination, réussisse à à se guérir. En ce cas, il n'y aurait plus d'humanité souffrante, car tous voudraient recourir à ce moyen si simple et si efficace.

Il est donc chimérique d'affirmer que les maladies de Thérèse : paralysie prolongée avec crampes, lésion de la moelle épinière, plaie du pied gauche, dont les chairs entraient en putréfaction déjà, appendicite

(1) Cloches ou cloques.

et tout le reste ayant affligé la stigmatisée, aient disparu sous l'action de l'autosuggestion. Prétendre pareille chose est se suggestionner soi-même en quelque sorte d'une idée absolument erronée.

Au reste, la malade n'avait aucunement le vouloir d'écarter d'elle ses infirmités. Son unique aspiration était de savoir se résigner entièrement à la volonté de Dieu et d'accepter selon ses desseins la santé, la maladie, ou la mort. De plus, n'oublions point qu'une apparition toute lumineuse parla à Thérèse et lui promit la guérison. Cette guérison par conséquent fut d'action tout extérieure, non intérieure. Admettre tout ceci est certes pour les libres penseurs une pilule bien amère, eux, qui ne croient ni à Dieu, ni à l'intervention d'une puissance supérieure. Voilà pourquoi ils recourent dans leur perplexité au seul moyen magique pouvant sauver leurs idées, se disent-ils : l'autosuggestion.

Beaucoup veulent aussi expliquer la formation des stigmates par l'autosuggestion : « Thérèse Neumann, disent-ils, s'est suggestionné les stigmates en considérant intensivement les douleurs et la mort du Christ, et en désirant ardemment partager les cruelles souffrances de la Passion. » Il est faux de prétendre que Thérèse ait jamais demandé de recevoir les plaies du Christ ; elle dit elle-même : « Je n'ai jamais recherché pareille chose et je préférerais que tout cela n'existe pas ! »

S'il était si facile par suite de grande compassion pour les souffrances du Sauveur de recevoir les plaies de la Passion, combien de milliers et de milliers de pieux chrétiens porteraient les stigmates du Christ, mais cela n'est pas le cas.

De plus dans les premiers temps, époque où il y eut tellement de martyrs, où la foi était si vivace, il y aurait dû avoir beaucoup de stigmatisés, ce n'est pas le cas non plus. Ce n'est que vers l'époque de saint François d'Assise († 1226) que le nombre des stigmatisés augmenta. Les 12 premiers siècles de l'Eglise pendant lesquels on ne parle pas de stigmates nous prouvent donc que l'imagination ne peut faire apparaître les cinq plaies du Christ. Dieu dispense les stigmates non automatiquement, mais selon sa libre volonté. N'est-il pas dit que le Saint-Esprit « distribue à chacun ses dons selon son bon plaisir. » (1 Cor. XII, 11).

Une preuve évidente encore que les plaies du Christ ne s'obtiennent pas par l'autosuggestion c'est que tous les stigmatisés se trouvent affligés de ces phénomènes ; d'une part, ils se sentent indignes de pareil privilège ; d'autre part, ils s'effrayent de devenir ainsi un point de mire, un sujet d'étonnement pour les autres. Leur prière est souvent celle que Dieu veuille bien écarter d'eux, non la douleur, mais les signes visibles extérieurs.

Le Dr Edouard Aigner, de Fribourg en Brisgau, déclare en 1928 au Grand Tribunal des Echevins d'Erfurt (où il est appelé comme expert), que la stigmatisation physiologiquement étudiée, est à expliquer par l'autosuggestion. Le Dr Oscar Kraus, professeur de philosophie à Prague, proclame également en un article du quotidien « Bohemia » à Prague : « Thérèse Neumann prétend bien n'avoir jamais désiré la stigmatisation. Cependant son état d'âme admiratif et fervent suppose en lui-même déjà ce désir et équivaut pleinement aux effets de ce dernier. Les stigmates incontestablement ont une origine psychogène ». (Bohemia, 14, I, 28.) A un docteur, professeur lui aussi, disant à Thérèse qu'elle avait eu les stigmates pour avoir concentré sans arrêt ses pensées pendant des années sur les plaies du Sauveur, celle-ci lui répondit : « Vos titres de docteur, de professeur, me prouvent que vous êtes un homme savant et intelligent. Supposez aussi, que nuit et jour vous vous imaginiez que vous êtes un bœuf, croyez-vous, selon votre raisonnement. à la longue, qu'il vous pousserait des cornes. » Le docteur partit d'un franc éclat de rire ; puis devint pensif.

Les cas de stigmatisation sont relativement rares au cours de chaque siècle, aussi il est surprenant que les médecins, ignorant tout ce qui touche la véritable cause des stigmates, leur apparition surnaturelle, s'obstinent à émettre un jugement radical sur eux, au lieu d'avouer sincèrement : « Nous ne pouvons être compétents en ces phénomènes-là. » Plus docte et plus sage fut un médecin berlinois, lui, qui après avoir visité Thérèse Neumann, déclara sans détours : « Le cas de Konnersreuth pour la science équivaut à la découverte d'un Nouveau Monde ! »

Ce qui éloigne également l'admission de l'autosuggestion en ce cas, c'est que Thérèse voit, durant ses extases, des tableaux historiques non identiques à ceux connus et étudiés sur les bancs de l'école, ou représentés à l'église. Elle voit, par exemple, pendant ses visions, non une croix reposant sur l'épaule du Sauveur, mais trois poutres liées ensemble. Elle voit la croix non comme on la représente habituellement, mais elle voit 2 poutres liées à une troisième en forme d'Y. Le Christ lui apparaît avec une chevelure et une barbe bien plus longues que celles que nous voyons représentées sur les images. Le Dr Louis Kannamüller, médecin à Passau, remarque dans la journal du Danube du 23, VIII, 1927 : « Comment peut-on se suggérer des connaissances scientifiques absolument ignorées avant, concordant par après, en les plus infimes détails, avec les faits scientifiques ? Il ne saurait plus être question d'autosuggestion en ce cas, ni encore d' « hallucinations », mot si aisément donné à pareils phénomènes, mais bien d' « inspirations », mot seul juste en vérité. » — (Le mot inspiration n'est autorisé que pour l'Ecriture sainte, l'expression « lueurs intérieures » convient beaucoup mieux.)

IV. Prétendre que Thérèse Neumann est une exaltée, c'est ne pas connaître la piété chrétienne.

Les premiers chrétiens qui étaient hostiles aux sacrifices stupides, aux spectacles licencieux, aux combats de gladiateurs si cruels, aux folies du paganisme en un mot, et s'en écartaient furent traités par Tacite (Annal. XV, 44), de « odium generis humani », c'est-à-dire contempteurs du genre humain; la religion catholique elle-même de «superstitio exitiabilis», c'est-à-dire superstition pernicieuse et funeste. Saint Paul déjà prédit aux chrétiens qu'ils seraient traités de fous par les païens, et que la religion chrétienne serait considérée comme une folie. (1 Cor. I, 18 ; IV, 10). Les temps ont changé depuis, il est vrai ; le paganisme a disparu, mais que de chrétiens, chrétiens de nom seulement, non d'action, ne sont rien plus que des païens, à notre époque encore ! Si donc une de ces âmes tièdes en voit une autre faire davantage, se consumer d'amour pour Dieu, se distinguer par des vertus tout héroïques même, leur jugement reste celui des anciens païens : c'est de l'exaltation, du fanatisme. Elles ne peuvent concevoir ces renoncements volontaires au monde, à ses jouissances, cette acceptation résignée, patiente de la souffrance, ce besoin de s'unir à la passion du Seigneur, d'y compatir en tout amour : « c'est une exaltée », disent-elles. Le Christ n'a-t-il pas désiré que nous nous souvenions bien souvent, d'un cœur reconnaissant, de tout ce qu'il a enduré pour nous ? Et, à cet effet, ne renouvelle-t-il pas chaque jour sur l'autel, d'une façon non sanglante, son sacrifice de la croix ? Les Saints ne peuvent assez louer, proclamer bienheureux ceux qui savent comprendre et partager les douleurs du Sauveur. « Une seule larme vraie versée sur le calvaire de Jésus, a plus de valeur, dit saint Augustin, qu'un pèlerinage fait aux lieux saints. » Saint Albert le Grand s'exprime ainsi : « Méditer quotidiennement la passion du Christ est infiniment plus méritoire, que de jeûner au pain et à l'eau tous les vendredis, voire même que de se flageller jusqu'au sang. » Et saint Jean de la Croix, de dire : « Compatir aux douleurs du Christ est un sentiment excessivement agréable à Dieu ; il équivaut au mérite de notre propre sang répandu pour Dieu, ou encore à celui de nos souffrances dans l'adversité, acceptées par amour pour Dieu ! » N'oublions point aussi que le Sauveur, portant la croix, n'a interpellé sur son passage que les femmes compatissant à ses tortures et pleurant sur Lui. De là, le texte d'un chant de carême : « Jésus, imprime profondément tes douleurs dans les cœurs des chrétiens ! » Compatir aux souffrances du Crucifié n'est donc point une exaltation religieuse, mais une œuvre agréable à Dieu, un sentiment élevé et justement reconnaissant envers Celui qui a tant souffert pour nous. Dieu, semble-t-il, se plaît à nous rappeler avec instance actuellement la passion du Christ. Rappelons les prodigieux phénomènes qui se sont produits au grand Crucifix de Limpias en Espagne, qui eurent un si grand retentissement dans le monde et qui se continuent actuellement encore. Les hommes de notre temps, ne rêvent plus que de jouissance, de vie large, rejettent toute idée de souffrance. Cela explique la méprisante réflexion d'un libre penseur sur Thérèse Neumann, disant que « sa jouissance à elle est de se complaire dans la douleur. » Qu'il était loin de savoir, lui — tout comme ses semblables — que souffrir c'est suivre le chemin de la perfection, c'est s'attirer des grâces insignes ! « Nulle bénédiction sans croix ; nulle croix aussi sans bénédiction ! » A un médecin berlinois, le Dr Weisl, Thérèse Neumann avoua : « Souffrir est une grande croix, mais une grande faveur aussi ! » Les mondains, dont la seule raison de vivre est de jouir, craignent les souffrances autant que le feu, les fuient et s'en épouvantent. Tout autre est l'opinion des grands saints. Sainte Thérèse s'écriait : « Seigneur, ou souffrir, ou mourir ! » Sainte Madeleine de Pazzi : « Non mourir, mais souffrir ! » La souffrance doit donc être d'un grand prix, aussi étudions cette question plus à fond encore. Notre vie humaine n'est point une vie de jouissance, de plaisir, mais une vie d'abnégation, de pénitence par suite de la faute de nos premiers parents ! Se divertir n'est donc point le but de la vie, mais un moyen d'atteindre ce but ; un délassement faisant suite au travail permet de reprendre ce dernier avec des forces nouvelles. Une allumette donne de la lumière, mais si elle est tenue trop longuement elle brûle les doigts, ainsi en est-il des amusements, des plaisirs goûtés raisonnablement ou avec abus. Celui qui ne songe qu'à chercher le plaisir, à en faire le but de son existence ne trouve pas le contentement intérieur qui est le meilleur, il est vite blasé et las de vivre. Enfin la mort et les maladies, auxquelles nul n'échappe, indiquent clairement à tous que notre vie doit être une vie de pénitence. Tous nous avons à expier, car tous nous sommes pécheurs, et le péché peut être racheté par ce moyen. De là, l'institution du sacrement de pénitence par Jésus-Christ, de là aussi les jours de jeûne prescrits par l'Eglise. Et pourtant, combien d'âmes n'observent ni l'un ni les autres ! C'est pourquoi quelques âmes privilégiées, animées d'une charité toute spéciale envers Dieu et le prochain, se constituent en quelque sorte les expiatrices volontaires des péchés d'autrui. Dieu accepte leurs généreux desseins, envoie à pareilles âmes l'occasion de souffrir, non seulement pour expier, mais aussi pour édifier. Ces âmes, se sacrifiant, attirent la miséricorde de Dieu sur ce qui mériterait la juste punition du monde pervers, aussi devrions-nous, non ridiculiser, persécuter, mais remercier du fond du cœur toutes personnes animées de sentiments si nobles, si élevés, envers Dieu et le prochain. Chez les Romains déjà, nous voyons les Vestales renoncer au mariage, faire vœu de virginité, afin d'entretenir dans l'esprit de l'Etat, le culte de la divinité ; c'est dire que ce peuple païen avait en quelque sorte déjà le sens chrétien. De quels honneurs ne furent pas entourées ces vierges, ces prêtresses du temple. Les païens font donc honte à ceux qui traitent toutes ces âmes expiatrices, Thérèse Neumann de Konnersreuth également, d'illuminées, — de folles —, et qui tendent ainsi à les rendre ridicules aux yeux des gens.

V. Pour émettre un jugement vrai sur Thérèse Neumann et ne point agir à l'aveugle, il faut étudier avant tout des faits semblables arrivés sur d'autres personnes et s'initier à la science du surnaturel.

Les médecins ne voient que la compétence de la science en pareils cas. Le peuple en général, juge à la légère les événements de Konnersreuth, qu'il ne comprend pas sans se rendre compte du mysticisme dont ils sont empreints. Pour reconnaître, sans se tromper, ni se blâmer, si un objet est d'or ou d'argent, il faut avant tout être expert en métaux précieux. Ainsi en est-il du cas qui nous occupe: pour juger la cause de Thérèse, il faut être bien orienté en tout ce qui concerne de tels événements mystiques.

Lisez pour cela bien attentivement — avant toute autre — la vie de la vénérable Catherine Emmerich morte en 1820 — religieuse à Dülmen en Westphalie — qui parle de phénomènes semblables à ceux de Konnersreuth.

La vie de la servante de Dieu, Marie-Beatrix Schuhmann (1823-1887), est aussi digne d'attention. Fille d'un propriétaire de Pfarrkirchen, près d'Altötting (Bavière), souffrante et stigmatisée pendant quarante années, elle eut, comme Catherine Emmerich et plus complètement encore, la vision de la passion du Christ. Cette vie de Beatrix Schuhmann écrite par Wilhelm Maier, parut en 1914, chez Kleiter, à Passau.

Très instructive également en pareille matière, une autre vie, celle de la servante de Dieu Claire Moes, prieure des religieuses dominicaines d'un couvent luxembourgeois, à Limpertsberg, morte l'an 1895, à l'âge de 63 ans. Elle ressentit en 1860 — au jour de la fête du Précieux Sang — les douleurs du couronnement d'épines (sa tête fut ensanglantée) ; elle eut le jour de la fête de Notre-Dame des sept Douleurs (1860) la plaie du côté, et le Vendredi-Saint suivant, celles des mains et des pieds. Le Vendredi-Saint de l'an 1875, un nouveau phénomène se produisit sur elle : l'empreinte de la plaie de l'épaule gauche. Sans cesse, elle était en relation mystique avec son ange gardien, avec le Christ et avec de nombreux saints. Le démon l'obsédait terriblement parfois, la maltraitait même..... épreuve permise par Dieu. — Voir le livre de Barthel, Klara Moes, édité au couvent des Dominicaines de Limpertsberg (Luxembourg).

Recommandons aussi la vie d'une jeune fille : Louise Lateau. Cette dernière vécut en Belgique, aux environs de Bruxelles (à

Bois d'Hain), y mourut à l'âge de trente-trois ans et demi en 1883. Fille de parents catholiques très pauvres, elle connut dès le jeune âge les privations, la nécessité parfois de gagner bien durement son pain. En 1866, elle se consacra aux soins des cholériques. Deux ans après — en 1868 — elle reçut subitement, un vendredi, la plaie du côté (douleur poignante au côté gauche avec épanchement de sang). Cette plaie et cette douleur disparurent le lendemain, mais reparurent le vendredi suivant avec, en plus les stigmates des pieds et des mains, qui la faisaient souffrir énormément, tandis que s'échappait un flot de sang. Ainsi en fut-il tous les vendredis; les plaies sanglantes de la tête et du front s'y ajoutèrent un peu plus tard; et nul docteur ne put jamais trouver un remède à pareil état de chose qui durait bien souvent 24 heures. Les samedis, les épanchements de sang et les douleurs cessaient brusquement, et Louise, toute vaillante à nouveau, reprenait sa tâche quotidienne et veillait même des malades. Ses plaies ne suppuraient jamais. Pendant que le sang coulait à flot, Louise (détachée de ses sens) tombait en extase et avait la vision de la passion du Christ. Nul bruit ne réussissait à l'en distraire, à l'en arracher ; seul l'ordre du prêtre pouvait la tirer de son extase. Elle distinguait fort bien les objets bénits des autres. Depuis l'apparition des cinq plaies sur son corps, elle perdit peu à peu l'appétit ; depuis l'épanchement de sang au front (25 septembre 1868), le sommeil également ; si bien qu'elle finit par ne plus rien absorber et par ne plus dormir un seul instant. Toute nourriture donnée par force à Louise, et absorbée par elle en esprit d'obéissance était péniblement rejetée. Seule la sainte hostie était absorbée sans douleur par la stigmatisée qui communia tous les quinze jours d'abord, puis tous les huit jours, et enfin, quotidiennement depuis la Pentecôte de l'an 1868. Privée un seul jour de ce pain céleste, Louise devenait languissante, souffrante; nourrie par lui, elle n'avait ni faim, ni soif ; elle ne connaissait ni faiblesse, ni fatigue, ni impression de froid l'hiver, de chaleur l'été par le soleil le plus torride. Elle avait eu, de tout temps, une dévotion spéciale pour la passion du Christ et, dès son jeune âge, elle avait demandé à Jésus la grâce de souffrir comme lui. Les docteurs se demandaient comment il était possible que Louise put rester saine, bien portante, capable de travailler, tout en perdant au moins un litre de sang par semaine et en ne prenant jamais aucune nourriture. A l'un d'eux qui prétendait que Louise se trouvait rassasiée par la seule inspiration de l'air, quelqu'un répondit : « Que quelqu'un puisse vivre de l'air du temps nous voulons bien le croire, docteur, à condition que vous en expérimentiez l'effet sur vous-même un an durant ! » La brochure sur Louise Lateau, a paru à Innsbrück ; elle se trouve également au Couvent des Rédemptoristes, à Filippsdorf, près Georgswald (Bohême du Nord). Les dernières affirmations que les journaux soc.-démocrates ont publié comme grande découverte à sensation, furent que toute l'histoire de Louise Lateau n'était que du charlatanisme et un infâme mensonge ! La stigmatisée en question fut alors observée et suivie durant près de deux ans par une commission médicale spéciale présidée par M. Lefebvre, professeur à l'Université de Louvain. Le professeur de médecine, Imbert Gourbeyre, parle de la stigmatisée dans la brochure qu'il fit éditer à Paris en 1873, et constate (p. 73) que toute tromperie de la part de Louise est exclue et que la science médicale (p. 47) n'a pu, malgré ses recherches les plus approfondies, donner un éclaircissement sur ces phénomènes. Dans son ouvrage plus complet (2 vol.) sur la stigmatisée, paru en 1894, le même professeur déclare que Louise Lateau fut l'objet de phénomènes de stigmatisation pendant 15 ans, jusqu'à sa mort c'est-à-dire de 1868 à 1883. Ainsi donc se trouvent réfutés les propos des journaux socialistes, suivant lesquels tous phénomènes cessèrent chez Louise du jour où elle fut démasquée au public comme une vile trompeuse et une hypocrite.

Au siècle dernier déjà, les mêmes phénomènes mystiques se sont produits sur une jeune fille, Maria von Mörl, de Kaltern dans le Tyrol du Sud et attirèrent quelques années durant des milliers de pèlerins vers son endroit natal, où ces événements firent sensation. Maria von Mörl, née le 16 octobre 1812, morte le 11 janvier 1868, perdit sa pieuse mère dès l'âge de 15 ans, en 1827 et ce fut elle, l'aînée, qui dut assumer désormais les charges bien lourdes du foyer ; elle avait huit frères et sœurs ! Il n'est donc pas étonnant que bientôt la pauvre enfant succombât à la tâche, et qu'elle dût s'aliter, épuisée, âgée de 18 ans à peine ! Deux ans après, elle eut des extases longues de plusieurs heures, se réitérant après chaque réception de la sainte hostie, et dont seul son confesseur pouvait la tirer ; toute autre intervention était sans effet sur elle. En ces moments d'union mystique avec Jésus, Maria était toute florissante de santé comme une rose fraîchement éclose. Sa 21e année révolue (automne 1833), elle eut progressivement les plaies du Christ aux mains, aux pieds, au côté, et de ces plaies s'échappait le sang goutte à goutte, du jeudi soir au vendredi soir. Pendant les autres jours, une couche de sang coagulé recouvrait les stigmates qui ne marquaient ni enflure, ni inflammation. Tandis que le sang coulait, l'attitude de Maria, la contraction de son visage indiquaient clairement qu'elle voyait, qu'elle suivait la passion du Christ. Quotidiennement, après son union avec Jésus dans la sainte Communion, elle tombait en extase et planait souvent au-dessus de sa couchette. Des oiseaux, des tourterelles — comme attirés par elle — venaient en volant se poser sur ses bras, sur ses épaules, et elle en avait un plaisir enfantin. Aux visiteurs dont la conscience était chargée et tourmentée, elle savait donner les avis voulus, après leur avoir révélé de façon stupéfiante l'état de leur âme. Elle prédisait même des événements à venir, telle la disparition de l'empire autrichien, survenue effectivement en 1918. (Voir la brochure de Jean de Dompierre : « Comment tout cela va finir », p. 90, parue à Rennes en 1900).

D'une époque plus récente la vie de Gemma Galgani, fille d'un pharmacien originaire de la Toscane (Italie), née à Lucques en

1878, décédée en 1903, mérite aussi d'attirer notre attention. Sa pieuse mère, morte en 1886, se plaisait à lui retracer souvent la vie de Jésus. Gemma écrivait plus tard : « Dès le berceau ma mère me fit soupirer après le ciel. » Enfant de neuf ans, Gemma désirait déjà avidement recevoir Jésus-Eucharistie et elle pria son confesseur de lui accorder cette faveur : « Si vous ne me donnez Jésus-Hostie, j'en mourrai de langueur, » disait-elle — ajoutant encore : « Je saurai être si sage, lorsque vous m'aurez unie à Lui ! » Le prêtre accéda à sa prière, et Gemma, d'un amoureux élan, promit alors à Jésus de le visiter souvent au Saint-Sacrement, de dire à chaque renouvellement d'heure trois fois l'invocation suivante : «Mon Jésus, miséricorde!» et de se préparer à toutes les fêtes mariales par une mortification toute spéciale. Avec la permission de son directeur de conscience — devenu plus tard évêque d'Arezzo — elle s'approcha d'abord trois fois par semaine, puis chaque jour, de la table sainte. De plus en plus, le besoin se fit pressant en elle de souffrir et de s'offrir en holocauste à Jésus. Bientôt satisfaction lui fut donnée et une déviation de la colonne vertébrale, accompagnée d'une paralysie des membres, la clouèrent sur son lit de douleur. Subitement, le premier vendredi du mois de mars, l'an 1899, elle fut guérie. Souvent le Sauveur lui apparut en lui montrant ses plaies ; un jour, la veille de la fête du Sacré-Cœur, de ces plaies jaillirent des flammes qui atteignirent les mains, les pieds et le côté de Gemma ; elle fut ainsi marquée des stigmates, stigmates sanglants et extrêmement douloureux. Chaque semaine, depuis lors, du jeudi soir au vendredi après-midi, les plaies de Gemma répandaient abondamment du sang, puis disparaissaient presque entièrement jusqu'au jeudi suivant. A dater du 7 février 1901, Gemma participa également aux tourments de la flagellation de Jésus et à partir du 19 juillet 1901, aux douleurs du couronnement d'épines ; durant la vision de la flagellation, son corps se couvrait de raies sanglantes, de plaies profondes mettant parfois les os à découvert. Au bout de deux à trois jours, toutes traces de plaies disparaissaient à nouveau. Pendant ses prières, la stigmatisée tombait en extase. Son confesseur l'ayant exhortée à implorer du ciel la cessation de tous ces phénomènes visibles, la stigmatisée obéit et fut exaucée ; mais alors vinrent pour elles les tortures de l'âme : sécheresse spirituelle, aridité même. Gemma, de son vivant, était demeurée inconnue, isolée complètement du monde ; les multiples grâces et miracles obtenus par son intercession après sa mort lui valurent une vénération profonde.

A lire encore avec profit la vie de la stigmatisée Kolumba Schonath, dominicaine de Bamberg (1730-1787), publiée en 1922 par le Dr Hans Heim, de Bamberg.

Actuellement encore, vit en France une stigmatisée, qui est aussi favorisée d'extases : elle s'appelle Marie Julie Jahenny, et demeure au village de La Fraudais, près Blain (Loire-Inférieure). Née le 12 février 1850, elle reçut en 1873 les cinq plaies du Christ, ainsi que les blessures causées par le couronnement d'épines et par le portement de la croix. De plus, sa poitrine est marquée d'une grande croix avec des inscriptions profondément incrustées dans la chair et qui, tout à l'instar des stigmates, saigne chaque vendredi. Depuis l'apparition de ces phénomènes la stigmatisée n'a ni dormi, ni mangé, ni pris le moindre liquide. Voilà cinquante-cinq ans déjà que dure ce sacrifice expiatoire et malgré ses 78 ans, le visage de la religieuse reste frais et jeune comme si elle avait encore vingt ans. Elle est d'une bonté admirable pour tous ceux qui l'approchent. Alitée depuis 1883, elle demeure toujours couchée sur le dos, sans pouvoir jamais changer de position. Seules la tête et les mains peuvent remuer un peu; le reste du corps est complètement paralysé. Elle semble être un miracle vivant. Comment peut-elle continuer à vivre de la sorte? Cela touche au prodige. Cette vie d'immolation constante et toute douloureuse ne fut point imposée, mais d'abord proposée à cette âme privilégiée, pour l'expiation des péchés des hommes. Durant ses extases lui apparaissent Jésus-Christ, Marie, sa mère, et l'archange Michel. Soupçonnée de charlatanisme, elle fut excommuniée pendant dix ans ; mais l'excommunication fut levée quand on eut complètement la preuve de sa sincérité.

Après avoir parcouru la vie de ces stigmatisées on est mieux à même de comprendre les phénomènes mystiques qui apparaissent dans la vie de Thérèse Neumann et on n'est plus exposé au danger de juger à la légère ces faits étranges.

VI. Le père de Thérèse Neumann a complètement raison de s'opposer au transfert de sa fille dans une clinique ou en un sanatorium pour servir aux expériences des médecins.

Les affirmations d'une certaine presse prétendant que Thérèse n'a jamais reçu de secours médical est fausse. Dès sa première maladie, elle ne fut jamais sans médecin, et depuis lors, tout fut tenté vainement par maintes sommités de la science pour la guérir, et cela au prix de cruelles souffrances pour la stigmatisée ! Rien n'eut d'effet sur elle, pas même les plus forts courants électriques appliqués par le Dr Seidl pour guérir son côté gauche paralysé. Si bien que le Dr Burkhardt d'Eger, médecin très compétent, appelé en consultation à la suite de quatre autres put déclarer en toute conscience: « Pourquoi tourmenter cette jeune fille davantage, rien ne peut la soulager, ni la guérir ! » L'état de Thérèse, d'après lui, était désespéré ; les médecins ne firent plus rien pour la sauver.

Et cependant, ils furent plus de trois cents à la visiter successivement, étudiant ses stigmates, les mesurant et les photographiant ! Nul docteur autorisé, nulle personne experte et légitimée ne furent jamais écartés; dire le contraire est parler contre la vérité. Quant aux imposteurs — se disant médecins — si l'un d'eux, pendant l'extase du vendredi, se permettait des libertés déplacées, ou des stations prolongées près du lit de Thérèse, en lui prenant les mains et appuyant sur les plaies, sans aucun ménagement, faut-il s'étonner que M. Neumann, en père aimant, le pria de prendre la porte.

Chaque autre père en eût fait autant. On a peine à croire aux libertés que parfois les médecins se sont permises. Par exemple la commission scientifique d'Erlangen — composée de membres de la faculté de médecine et de la faculté de théologie protestante — projeta, un vendredi, sur le visage de Thérèse Neumann en extase, la lumière d'une lampe de plusieurs mille bougies. Elle ne réagit pas, mais les yeux s'ouvrirent quelques instants après. Heureusement elle était encore en extase et réfractaire à tout ce qui se passait autour d'elle, autrement cet acte répréhensible aurait pu avoir pour elle une suite funeste c'est-à-dire la cécité totale ou partielle du moins. *)

Un docteur se permit un jour de faire la déclaration suivante au père de Thérèse : « Votre fille sera transportée en une clinique de l'Etat, emplâtrée, nourrie artificiellement et traitée par injections jusqu'à ce que dis-

*) On lui demanda peu après, si elle ne vit pas une grande lueur durant son extase. Thérèse répondit : « Non, ce furent partout les ténèbres autour de moi. » Donc pendant la mort du Christ, elle avait été dans les ténèbres.

paraissent ses stigmates. » Mais Ferdinand Neumann lui répondit et déclara à tous : « Que ma fille se prête à toutes auscultations de médecins à domicile, soit ; mais qu'elle quitte ma maison pour être remise en quelque hôpital à des mains étrangères, jamais ! » Les docteurs, en effet, voyant en Thérèse un riche sujet d'expériences, voudraient multiplier sur elle leurs essais au préjudice de sa santé et de sa vie.

Quels ne furent pas les tourments infligés en ce sens par une commission d'experts à la religieuse stigmatisée, Catherine Emmerich de Dülmen, en Westphalie, morte en 1824. Ses plaies furent bandées avec une telle force qu'elle ne pouvait plus remuer et pendant huit jours, les mains et les pieds lui occasionnèrent des brûlures si intolérables, des douleurs si atroces, qu'elle en gémissait lamentablement et tombait même souvent en syncope. En vain des emplâtres furent appliqués sur les stigmates; les plaies furent fréquemment tâtées et pressées en tous sens; et, cruauté sans pareille, ils allèrent même jusqu'à arracher la peau de la poitrine de la victime, jusqu'à frotter le front de Catherine avec du vinaigre, ou du vitriol, ce qui lui arrachait ce cri de détresse : « Cela brûle comme le feu! » Puis, par force, on lui fit prendre de la nourriture qu'elle rejetait péniblement peu après; de nuit même, on ne lui laissait aucun repos, troublant son sommeil par des lueurs projetées sans cesse sur sa couchette, etc. Agissements qui, tous, prouvent combien fut brutalisée la pauvre Catherine qui soit disant avait seulement été placée en observation.

Aujourd'hui déjà, il semble clair que les maladies successives de Thérèse, venues subitement, disparues de même sous l'effet du prodige, ne peuvent être l'effet de causes naturelles. A toute nouvelle atteinte de maladie sur sa personne, il faut nous souvenir des voix entendues par elle, voix de la carmélite Thérèse de l'Enfant-Jésus qui lui disait : « Tu auras le privilège de souffrir beaucoup et longuement encore, et nul médecin ne pourra te soulager. » Ce mot « privilège » indique bien que souffrir est pour Thérèse une faveur céleste ; elle ne demande qu'à expier par ce moyen les péchés de l'humanité. Cette grâce lui ouvre, selon son vœu, une source intarissable de mérites.

Thérèse Neumann, en réalité, ne souffre qu'une fois par semaine, et cela du jeudi à minuit au vendredi à midi, c'est-à-dire pendant douze heures, excepté cependant pendant le temps pascal (aussi longtemps que se chante l'Alleluia), et pendant le temps de Noël. Cet état douloureux n'est pas l'effet d'une maladie, car, tous les autres jours de la semaine, Thérèse va, vient, donne l'impression d'une personne bien portante et ne nécessite aucun soin. A quoi bon alors son transfert à l'hôpital ? Simplement pour permettre aux docteurs de tenter sur elle de nombreuses expériences et de l'exposer à subir les mêmes tourments que Catherine Emmerich. Cette grande et si patiente éprouvée dit qu'il lui fut révélé un jour, qu'elle eût servi bien davantage l'humanité, si on l'avait laissée tranquille.

Etre « stigmatisé » n'est point, nous le répétons, une maladie quoique les médecins s'obstinent à dénommer ces signes « maladies des cinq plaies. » Démentons leurs affirmations en citant comme preuve à l'appui, le R. P. Pius, de l'Italie du Sud, qui, comme beaucoup de stigmatisés, ne garde point le lit, travaille et s'adonne quotidiennement à la vie active.

Il a été suffisamment prouvé, dans le passé, que les stigmates sont sans remède et que rien ne peut les faire disparaître, pour que nulle tentative de ce genre ne soit renouvelée sur d'autres, et sur Thérèse Neumann en particulier.

Livrer Thérèse aux médecins n'a donc aucun but, car ils ne comprennent absolument rien aux cas de caractère purement mystique, qui ne rentrent pas dans leurs attributions. Les médecins ne sauraient ni les expliquer, ni y porter remède. Très juste, à ce propos, le mot du Dr J. Hollnsteiner (en la « Reichspost » de Vienne, le 25 décembre 1926): «Rien de ce qui est d'essence surnaturelle, jamais ne sera matière d'expériences pour la science. Signes d'En-Haut, les miracles, servent non point à la science, mais à la foi ». Le chanoine Th. Geiger, curé de la cathédrale de Bamberg, dit fort judicieusement, lui aussi : « J'ai la conviction que Thérèse n'a point eu des plaies et des visions pour faire progresser la science moderne, cette science qui a l'ambition de grandir sans Dieu, le Créateur. Il ne fut point révélé à Thérèse qu'elle devrait servir de sujet d'étude aux savants et médecins, mais elle apprit qu'elle aurait le privilège de coopérer au salut des âmes. »

De plus, il est à considérer que la science médicale refuse de reconnaître les miracles. Sa logique est que « un miracle est contraire aux lois naturelles, donc il est impossible. » Les plus stupides raisonnements, les soupçons les plus injustifiés se trouvent alors soulevés, lancés par elle pour réfuter ce qui est cependant la vérité. En voici quelques exemples : Le Dr Wolfgang v. Weisl, de Berlin, qui avait examiné Thérèse Neumann, dit en parlant du jeûne continu de l'intéressée : « Plutôt que de me rendre à l'évidence du bouleversement de l'ordre naturel, je veux admettre le manque de surveillance d'une somnambule, et me dire que Thérèse Neumann absorbe plus de nourriture en l'état de sommeil qu'à l'état de veille. (Voss. Zeitung, Berlin, 19 août 1927). Le psychiatre Dr G. Ewald d'Erlangen dit : « La stigmatisation, avec tous ses symptômes complexes, n'a pour moi rien de miraculeux ; elle émane d'un état maladif général, tant du corps que de l'âme. » (München, Augsbg. Abendzt. 20 août 1927). Le professeur Schultz, de Berlin, écrit en son article de la « Deutsche Mediz. Wochenschrift » : « On ne peut expliquer que par le mensonge le jeûne de Thérèse Neumann, les lois de la nature demeurant stables envers et contre tout. » Le Dr Virchow, de Berlin, après auscultation de la stigmatisée Louise Lateau déclare : « Ou miracle, ou tromperie ! De miracle il n'en existe pas, donc tromperie ! » A quoi objecte parfaitement le chanoine Geiger, de Bamberg : « Nulle absurdité, nous le voyons, ne semble trop grande, trop énorme à la science sans Dieu, pour nier le miracle. Ce serait aux yeux de ces savants la banqueroute de la science, que de reconnaître un créateur, un législateur qui, — en ces titre et qualité —, a tous pouvoirs et droits sur la nature, voire même d'en modifier les lois parce qu'elles ont été édictées par lui ! Comment alors confier à de pareils savants l'examen d'un fait qui n'exclut pas le surnaturel ! Ils sont gagnés d'avance et donneront un jugement conforme à leurs idées arrêtées; par conséquent ils doivent être évincés et non choisis. Nous aurions recours à de pareilles gens — niant Dieu et ne voyant dans les miracles que des chimères — pour les instituer juges suprêmes d'une cause qui, de toute probabilité, touche au miracle et témoigne de la miséricorde de Dieu envers les âmes à sauver ! Pourquoi ramper, nous, enfants de la lumière, devant les fils des ténèbres, et aller à leur école ? ... »

Malgré tout on exprime encore le désir de confier Thérèse Neumann aux médecins. Que les libres penseurs et les ennemis de l'Eglise aient intérêt à la disparition de Thérèse Neumann, cela se conçoit, mais malheureusement, il se rencontre aussi des savants chrétiens qui semblent tenir à ce qu'on la remette à une clinique. Le pasteur protestant J. Müller d'Olmütz, prétend, en un écrit paru dans la « Deutsche Presse » à Prague du 11 janvier 1928 : « Ni miracle, ni mensonge, le fait de Konnersreuth ! Un phénomène pathologique qu'il importe d'analyser par des moyens appropriés. » — Le Dr Alois Mager, professeur agrégé de psychologie à la faculté de Théologie de Salzbourg, exprime en un de ses discours la nécessité d'une enquête pour savoir si les stigmates et les épanchements de sang, restent réellement réfractaires à tous moyens de guérison. (Salzb. Chronik 15 et 16, XI, 1927). Et le professeur d'université Dr Georges Wunderle, à Wurzbourg, en son écrit (1927, Verlag Klerusblatt, Eichstätt), demande soit l'isolement complet de Thérèse Neumann, soit son transfert en un hôpital neutre, vu, dit-il, qu'il serait « impardonnable » de la soustraire à l'art médical. (p. 52).

Cependant les expériences antérieures ont prouvé à satiété la banqueroute de la science médicale dans le traitement des stigmatisés : tout nouvel essai serait donc superflu.

Au conseil donné à Thérèse que, « majeure, elle pourrait agir librement sans le consentement de son père », elle répondit simplement : « Jésus n'a-t-il pas obéi à ses parents encore à l'âge de 30 ans ! . . . »

VII. Une enquête de l'Eglise catholique suffit complètement.

Un journal protestant, les « Dernières Nouvelles » de Leipzig, écrit : « La compétence médicale dans ces cas est sujette à caution. Le jugement émis par une personne experte en médecine reste insuffisant, puisqu'il ne porte pas sur la question essentielle, par conséquent n'est pas décisif en l'occurrence. Le phénomène à expliquer n'est point d'ordre médical, mais d'ordre religieux; il appartient donc à l'Eglise catholique de l'étudier et, dans l'intervalle, d'y veiller, de le protéger.» (1927, n° 239) Tout naturellement pour ce travail, l'Eglise recourt aux lumières de sommités médicales, mais seulement de médecins catholiques et consciencieux. « Tous autres professeurs et docteurs, — dit le chanoine Geiger, de Bamberg (en la Münch. Kathol. Kirchenzeitung, du 18 septembre 1927) — analysant le cas de leur propre prévention, conscients d'avance de ne rester dans l'esprit de la vérité, que s'il correspond à leurs préjugés, ne doivent pas s'occuper de l'affaire. » L'Eglise catholique agit toujours en toute prudence et en toute connaissance de cause. Cet hommage lui est rendu par maints docteurs et même par des non-catholiques. Le Dr Weisl, de Berlin, dit en la « Neuen Freie Presse » de Vienne : « Je ne puis croire à une vile tromperie, car non seulement la jeune fille fait la meilleure impression, mais avant tout et surtout elle se trouve depuis longtemps sous le contrôle du clergé catholique, ce qui est une garantie contre tout soupçon d'erreur. L'Eglise catholique est prudente et rigoriste en pareils cas ! » Dans l'«Evang. Gemeindeblatt» de Munich, n° 34, 1927, nous lisons : «Les faits de Konnersreuth n'ont rien de surprenant pour qui est versé dans la science de la religion et initié aux faits mystiques. L'incroyant, lui, a vite fait de juger les événements extraordinaires sur terrains religieux, il les traite de « charlatanisme ». Il eût été plus aisé et plus sage d'abandonner en toute confiance la cause de Konnersreuth, — son enquête tout comme son jugement —, à l'Eglise catholique, qui n'agit qu'avec conscience, prudence et réserve. » Les procès précédant toutes proclamations de béatifications, de canonisations, témoignent suffisamment de l'extrême sagesse et de la parfaite précaution de l'Eglise catholique en l'étude des miracles et des grâces extraordinaires énoncés en pareilles occasions. Elle ne prend du reste jamais une décision définitive sans avoir longuement et à fond examiné chaque cas spécial, en s'appuyant sur les conclusions d'hommes compétents et de savants.

En juillet 1927, l'autorité ecclésiastique fit faire une enquête pour constater que Thérèse Neumann ne prenait plus aucune nourriture et en mars 1928, une commission papale fut envoyée sous la direction du Recteur de l'Université catholique de Milan, le

Père Agostino Gemelli O.F.M. savant très distingué dans le domaine de la médecine. Il fut d'abord socialiste, puis après sa conversion devint père franciscain. Il vint deux fois à Konnersreuth, la deuxième fois le 23 mars 1928. Après une enquête des plus sérieuses, le P. Gemelli déclara sans hésitation que dans le cas de Thérèse Neumann il ne s'agissait pas d'hystérie et que les phénomènes constatés ne pouvaient s'expliquer d'une manière naturelle.

Le P. Gemelli avait déjà fait de nombreuses enquêtes pour des cas analogues et souvent avait découvert de la supercherie.

Lorsqu'il prit congé de Thérèse Neumann, il lui dit que le jeudi suivant il verrait le Saint-Père et lui rendrait compte de sa mission. « Pardon, lui dit-elle, ce sera samedi. » En effet ce ne fut que le samedi, 31 mars que le P. Gemelli fut reçu en audience par le pape.

Pour terminer, l'auteur de ces lignes demande à ses lecteurs une pensée quotidienne en leurs prières pour Thérèse Neumann ;

qu'ils offrent souvent des saintes messes et des communions à ses intentions, afin que la stigmatisée, si riche en grâces, soit un trésor ouvert pour toute l'humanité et contribue puissamment surtout au relèvement de la foi.

Que le clergé — selon le vœu de l'auteur — pour les mêmes raisons, se souvienne chaque jour de cette âme favorisée du ciel, au moment du saint sacrifice de la messe, et lui envoie pieusement de loin sa bénédiction sacerdotale. *) Cela certes sera d'un grand prix pour elle.

Malgré tout, les événements qui se déroulent à Konnersreuth ne sont pas articles de

---

*) La vénér. Catherine Emmerich exhorte les prêtres à bénir les pauvres âmes ; cette bénédiction, dit-elle, tombe comme une rosée bienfaisante en leur lieu de souffrance. Le chanoine Stiegele, lui, invite chaque prêtre à bénir bien souvent, du fond de sa chambre, la commune entière. (sermons de retraite) Le Sauveur dispensa de multiples bénédictions (Matth. XIV, 9 ; Marc. X, 16 ; Luc. XXIV, 50) ; l'Evêque au sacrement de l'Ordre oint les mains du prêtre en disant ces paroles : « Quaecumque benedixerint, benedicantur ». Ce que vous bénirez, doit être béni.

foi. Chacun peut, après les avoir médités et étudiés, se former une opinion personnelle. Cependant il n'est pas permis de soutenir des thèses mensongères et trompeuses s'y rapportant, ni de parler de la stigmatisée sur un ton de mépris, à l'instar de fanfarons traitant le sujet sans le connaître véritablement. Thérèse Neumann a droit comme toute autre personne à son honneur et à son bon renom. Les adversaires de notre religion — ceux qui renient Dieu, la foi — lui doivent cela, en esprit de vérité et d'équité, même si les événements de Konnersreuth heurtent leurs opinions.

Le Cardinal Dr Michel v. Faulhaber, prêchant en la cathédrale de Munich, le 6 novembre 1927, disait : « Il est profondément humiliant d'entendre, en un siècle cultivé comme le nôtre, avec quel manque de respect, quelle brutalité même, on parle de cette affaire, et on en médit. Si le respect s'en va, que demeure du moins le sentiment des bienséances ! »

Ce qui est tout à l'avantage de Thérèse Neumann, c'est que récemment de hauts dignitaires de l'Eglise vinrent la voir à Konnersreuth. Ainsi le Cardinal-prince-archevêque Piffl, de Vienne, et Mgr Dr Waltz, de Feldkirch, pour l'Autriche; pour la Bohême : Mgr Gross, évêque de Leitmeritz; pour la Hongrie : le comte Zichy, de Kalocza; pour l'Allemagne : Mgr Kilian, évêque de Limbourg et Mgr Dr Schreiber, évêque de Meissen (ce dernier pour la seconde fois). A Sa Grandeur Mgr l'Evêque de Limbourg, la voyante révéla fort exactement le 20 juillet 1928, à une heure de l'après-midi, après l'extase du vendredi, son siège actuel, ses qualités, ses aptitudes, ses rapports avec le clergé, et bien des vérités secrètes, intimes, ne pouvant être sues et connues que de lui. Ces révélations firent sur Monseigneur plus d'impression encore que la vue de l'émouvante extase du vendredi. Fin août 1928, Son Eminence le Cardinal Faulhaber, de Munich, put suivre également l'extase douloureuse du vendredi et célébra la sainte Messe dans la petite chambre de Thérèse.

Le vendredi, 7 septembre 1928, Mgr. Dr Louis Sébastien, de Speyer (Province rhénane) et Mgr. le Coadjuteur Dr Victor Horvath de Kalocza (Hongrie), vinrent la visiter. De plus loin encore assistèrent le 27 juillet 1928 à son extase du vendredi, Mgr. Schrembs de Cleveland (Amérique du Nord) et Mgr. Antonio Malan de Petronile (Brésil).

Pour empêcher les curieux de se rendre en pèlerinage à Konnersreuth, au commencement de septembre 1928, les évêques de Bavière réunis à Freising, décidèrent que : seulement pour des motifs sérieux et avec l'autorisation et la recommandation de son curé, l'évêché de Ratisbonne pourra accorder l'autorisation de rendre visite à Thérèse Neumann.

Récemment, le pape Pie XI, tenu fidèlement au courant des événements extraordinaires qui se déroulaient à Konnersreuth par l'évêque de Ratisbonne et par le Recteur de l'Université de Milan, le P. Agastino Gemelli, témoigna à Thérèse Neumann son haut intérêt en lui envoyant ainsi qu'au curé Naber — directeur de la stigmatisée — la bénédiction papale. Cette âme privilégiée avait eu déjà connaissance de cette décision de Rome, disant au moment d'une extase (le 3 mai 1928) au curé Naber : « En ce moment, le Saint-Père nous envoie à tous deux sa sainte bénédiction.» Quelques semaines après, arriva à Konnersreuth l'image du Saint-Père avec la formule de bénédiction, signée de Pie XI, et datée ainsi : « Donnée au Vatican le 3 mai 1928. »

P. S. — Qu'on nous permette de clore ce travail par un extrait du discours, vrai manifeste de l'autorité de l'Eglise en face de tels événements extraordinaires, prononcé dans la cathédrale de Munich le 6 novembre 1928 par son Eminence le Cardinal Faulhaber : « Jésus-Christ a opéré des miracles qui sont la preuve de notre foi, et il a promis à son Eglise la persistance du charisme des miracles. Un disciple de Jésus doit donc sans hésiter ajouter foi aux miracles de l'Evangile, comme aussi à ceux qui, dans le cours de l'histoire de l'Eglise, ont pu et peuvent encore se produire. »

TABLE DES MATIÈRES

F. X. Le Roux & Cie., Impr. de l'Evêché, Strasbourg. — 14.829

www.ingramcontent.com/pod-product-compliance
Ingram Content Group UK Ltd.
Pitfield, Milton Keynes, MK11 3LW, UK
UKHW022058260726
13993UKWH00001B/182

9 782329 207940